• 60 CONSEILS ADAPTÉS • DES RÉPONSES SUR MESURE •

ménopause

Marie Borrel

HACHETTE

sommaire

$, 25

21 >>> 40 CONSEILS

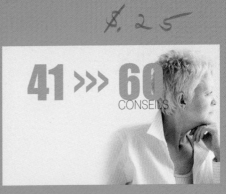

41 >>> 60 CONSEILS

intro
une nouvelle page dans la vie d'une femme

La ménopause : c'est un terme que chaque femme porte en elle toute sa vie, avec un mélange d'appréhension, de nervosité, et parfois d'espoir. Car la ménopause signe à la fois la fin d'une époque et le début d'une autre. Certes, la fin des règles représente la fin de la maternité. Après la mort de notre dernier ovule, il nous est impossible de donner la vie, sauf à avoir recours à des méthodes techniques très controversées.

Mais c'est aussi, pour certaines, un moment de réconciliation avec leur corps de femme. Les enfants sont grands, le temps n'a plus la même dimension, on sait mieux qui l'on est et on mesure mieux les choix que l'on fait…

Arrêt définitif !

Commençons par les définitions : la ménopause, c'est l'arrêt définitif du cycle menstruel, donc des règles, et par là même de la fécondité. À la naissance, les ovaires d'une femme contiennent environ trois cents ovules. À partir de la puberté, un ovule descend chaque mois dans l'utérus, où il a la possibilité d'être fécondé par un spermatozoïde. S'il ne l'est pas, il est évacué par les règles. Lorsque le dernier ovule a fini de vivre, les cycles se tarissent définitivement. C'est la ménopause.

Depuis l'adolescence, ce ballet est orchestré par le cycle incessant des hormones. Les ovaires d'une jeune fille sécrètent, du premier au quatorzième jour du cycle, des œstrogènes destinés à permettre la croissance de l'ovule. Puis, du quinzième au dernier jour du cycle, c'est la progestérone qui prend le relais. Ce rythme est variable d'une femme à l'autre, et certains problèmes, comme le stress, peuvent le perturber. Mais bon an mal an, il se reproduit ainsi…

Préménopause : cinq ans d'attente

Quatre à cinq ans avant le tarissement définitif des règles, les cycles se font de plus en plus irréguliers. Ils s'espacent, puis s'arrêtent. Pendant cette période, appelée «préménopause», la progestérone se fait de plus en plus rare. Puis c'est le tour des œstrogènes, qui continueront progressivement à se tarir après l'arrêt des règles. L'âge moyen de la ménopause est de cinquante ans. Certaines femmes la connaissent vers quarante-cinq ans (c'est la ménopause précoce), d'autres vers cinquante-cinq ans (c'est la ménopause tardive). C'est dans cette fourchette large que se situent 90 % des femmes.

La ménopause est un passage naturel et obligé dans la vie d'une femme. Ce n'est pas une maladie ! Même si le discours médical officiel tend à médicaliser la ménopause, même si certains des symptômes qui l'accompagnent peuvent se soigner, il faut absolument éviter de la considérer comme une pathologie. C'est une transition, une évolution, un virage. Comme tout changement, elle porte en elle des promesses et des pertes. Libre à chacune de la considérer comme une petite mort ou comme une renaissance !

Pour qui sonne le glas ?

Cela ne signifie pas que l'on doive « laisser faire la nature » sans se préoccuper de la pièce qui se joue, à l'abri, dans le théâtre de notre organisme. Les modifications hormonales induisent des troubles qui, s'ils ne sont pas graves, perturbent la vie quotidienne. Les bouffées de chaleur, notamment, incommodent certaines femmes, ainsi que la fatigue et, souvent, la déprime voire la dépression. Certains risques sont accrus. Les hormones protègent nos artères contre l'excès de cholestérol : lorsqu'elles se tarissent, celui-ci a toute latitude pour agresser nos artères. Les hormones participent au métabolisme du calcium osseux : moins nous en avons, plus nos os sont fragiles…

Ces troubles sont variables d'une femme à l'autre. Plus nous sommes « imprégnées » d'hormones pendant notre vie, plus nous subissons avec force les signes du tarissement. Mais nous nous dirigeons toutes vers le même endroit : ce lieu féminin où les cycles se tarissent et où seule notre féminité nous attend.

Une vie sexuelle nouvelle

Car si la ménopause signe la fin de la fertilité, elle ne sonne pas, loin s'en faut, le glas de la féminité. Au contraire. « Il me tarde que tout cela soit fini, raconte Dominique. Je me sens habitée par une fonction qui n'a plus de sens depuis une dizaine d'année, depuis que j'ai décidé de ne plus avoir d'enfant. Bientôt, tout cela sera terminé et je pourrai enfin être en pleine possession de mon corps ! J'ai encore bien des choses à vivre avec lui… » Pour d'autres, les choses sont moins claires : « J'ai peur, explique Claude. Je sais bien que ma vie de femme ne se termine pas là, mais pour moi, être femme, c'est sentir cette vie se dérouler dans mon ventre, mois après mois… Je ne sais pas comment je me sentirai femme lorsque tout cela sera terminé. »

Une chose est sûre : la ménopause ne marque pas la fin de la sexualité féminine. Au contraire : malgré quelques petits désagréments (notamment la sécheresse vaginale), qui se résolvent facilement grâce à des adjuvants naturels, rien n'empêche l'épanouissement des couples. Et il n'est pas forcément besoin pour cela d'en passer par les traitements hormonaux substitutifs, qui ont des effets secondaires et peuvent favoriser, lorsqu'ils sont mal dosés et sur certains types de femmes, l'apparition de certains cancers. Pour celles qui ne désirent pas suivre ce genre de traitement, il existe des méthodes naturelles : alimentation, hormones végétales, sport, gestion du stress, plantes… Une prise en charge globale et une meilleure hygiène de vie.

comment utiliser ce livre ?

Ce livre vous propose un programme qui vous permettra de prendre votre ménopause en main. Il est construit en quatre étapes :

• un **test** d'abord, qui vous permettra de faire le point ;
• **20 conseils** portant sur l'hygiène de vie, qui vous permettront, jour après jour, d'accueillir sereinement les changements dans votre corps et de les accompagner ;
• **20 conseils** ensuite pour vous apprendre à soigner, en douceur, les symptômes de la ménopause ;
• **20 conseils**, enfin, pour vous apprendre à bien vivre cette étape sur un plan psychologique, car la nouvelle page qui s'ouvre dans votre vie recèle d'innombrables promesses.

À la fin de chaque partie, une personne confrontée au même problème que vous témoigne de son aventure.

Vous pouvez suivre rigoureusement ce parcours guidé, en mettant en pratique les conseils l'un après l'autre. Vous pouvez aussi picorer ici et là les recommandations qui vous semblent particulièrement efficaces ou qui ont l'air proches de vos habitudes quotidiennes. Enfin, vous pouvez choisir de suivre les instructions en fonction de votre état : simple prévention ou difficulté déjà installée.
Maintenant, c'est à vous !

● ● ● POUR VOUS GUIDER

> **Des pictogrammes en bas de page vous aident à identifier toutes les solutions naturelles à votre disposition :**

Phytothérapie, aromathérapie, homéopathie, fleurs de Bach : les réponses des médecines douces pour chaque situation.

Des exercices simples pour prévenir les problèmes en renforçant votre corps.

Les massages et manipulations au service de votre bien-être.

Toutes les clés pour découvrir des solutions dans votre alimentation.

Des astuces pratiques à adopter au quotidien pour prévenir plutôt que guérir.

Psychologie, relaxation, zen : des conseils pour faire la paix avec soi-même et retrouver la sérénité.

> **Un programme complet pour résoudre tous vos ennuis de santé.**
À vous de jouer !

comment se passe votre ménopause ?

Répondez sincèrement aux affirmations ci-dessous.

oui	non	1. Je me sens gonflée, j'ai de plus en plus de cellulite	oui	non	7. J'ai les articulations rouillées
oui	non	2. Je suis déprimée sans raison	oui	non	8. Je n'ai plus de désir sexuel
oui	non	3. J'ai des bouffées de chaleur	oui	non	9. J'ai l'impression de perdre la mémoire
oui	non	4. Je dors de moins en moins bien	Si vous avez répondu oui aux affirmations 1, 4 et 5, lisez de préférence les conseils **1** à **20**, qui sont les mieux adaptés à vos problèmes.		
oui	non	5. Ma peau devient sèche et sensible	Si vous avez répondu oui aux affirmations 2, 3 et 7, allez directement aux conseils **21** à **40**.		
oui	non	6. J'ai du mal à accepter les changements de mon corps	Si vous avez répondu oui aux affirmations 6, 8 et 9, rendez-vous d'abord aux conseils **41** à **60**.		

Dès les premiers signes de bouleversements hormonaux, il faut prendre quelques précautions afin que la ménopause se déroule dans de bonnes conditions :

》》 manger sain, afin de donner au corps tout ce dont il a besoin sans le surcharger avec des aliments inutiles ;

》》》 faire du sport, car l'activité physique entretient la masse osseuse et prévient les risques d'ostéoporose ;

》》》》 prendre des antioxydants pour retarder les effets du vieillissement et améliorer les signes avant-coureurs de la ménopause;

》》》》》 soigner peau et cheveux, qui souffrent du manque d'hormones…

20
CONSEILS

01

nourrissez votre équilibre

Plus que jamais, il faut veiller à équilibrer votre alimentation car, au fur et à mesure que l'on avance en âge, les erreurs alimentaires sont de plus en plus néfastes. Les modifications hormonales induisent des risques nouveaux, notamment cardio-vasculaires, qu'il faut prendre en compte.

Ni trop, ni trop peu…

La ménopause provoque des variations hormonales importantes. Et certaines maladies, comme l'ostéoporose et le cholestérol, deviennent plus menaçantes après 50 ans (voir conseil 32).
Le maître mot de l'équilibre alimentaire à la ménopause : la diversité. Il faut manger de tout de manière raisonnable. C'est donc le moment de prendre de bonnes habitudes. Mangez des aliments frais et de bonne qua-

● ● ● POUR EN SAVOIR PLUS

> Faites très attention au grignotage : non content d'interdire tout repos à votre système digestif, le grignotage surcharge votre organisme en toxines. Sans oublier qu'il est très difficile de contrôler ce que l'on mange lorsqu'on accumule les en-cas.

> Pensez à manger des fruits secs (noix, noisettes, amandes…) pour leurs acides gras essentiels et leur vitamine B, ainsi que des légumineuses (lentilles, haricots…) pour leurs sucres lents et leurs acides aminés.

lité, privilégiez les fruits et les légumes, ne supprimez pas les céréales, préférez le poisson à la viande, découvrez l'infinie richesse gustative des huiles crues…

Attention au sucre

Les seuls aliments à limiter de manière drastique sont les sucres raffinés et les graisses cachées. Ces dernières, qui s'accumulent dans les charcuteries, les pâtisseries, les viandes grasses, favorisent la formation du mauvais cholestérol. Le sucre, lui, est néfaste à tous les âges. Mais dès les premiers signes de la préménopause, vous devez y faire particulièrement attention car il intervient dans le fonctionnement hormonal : le sucre blanc et les sucreries perturbent les glandes endocrines, accentuent les bouffées de chaleur, ralentissent l'assimilation du calcium, grignotent une partie des vitamines et des minéraux… De plus, ils sont facteurs d'obésité.

> **Misez sur les épices et les aromates : en plus de relever les plats, ils ont des vertus médicinales.**

EN DEUX MOTS

* À l'approche de la ménopause, équilibre rime avec diversité.

* Évitez les sucres raffinés, qui perturbent le fonctionnement hormonal, et les graisses car le risque de cholestérol augmente avec l'âge.

02

bio ou pas bio ?

Faut-il manger bio à l'approche de la ménopause ? Sans doute ! Car les aliments bio contiennent moins de substances polluantes et plus de nutriments essentiels. De quoi aider votre corps à passer ce cap difficile : mieux nourri et moins chargé en déchets, il saura mieux gérer cette période en douceur.

Légumes, laitages, viandes…

Les aliments qui bénéficient du label « bio » sont produits dans des conditions particulières qui les mettent à l'abri de bien des substances polluantes : pesticides, herbicides, engrais chimiques… Les légumes poussent sans aucun produit de ce genre. Les animaux d'élevage ne mangent que des produits naturels et ne sont pas « gonflés » aux antibiotiques. Le lait qu'ils produisent est donc, lui aussi,

●●● POUR EN SAVOIR PLUS

> Le logo AB est le seul logo officiel qui assure que la production est conforme aux différents cahiers des charges.
> D'autres labels (Nature et Progrès, Demeter, Biofranc…) désignent le suivi de cahiers des charges encore plus stricts. Ils s'ajoutent donc au logo AB de base.

> Dans les aliments industrialisés (surgelés, plats préparés, pâtes…), le logo AB assure que 95 % des ingrédients au moins sont d'origine biologique.
> N'oubliez pas les vins bio qui sont de plus en plus savoureux !

dénué de substances toxiques. Quant aux huiles, elles sont d'autant plus riches en bons acides gras qu'elles sont issues de végétaux bio et qu'elles n'ont subi aucun traitement intempestif en cours de fabrication.

On sait en plus que la composition nutritionnelle des aliments bio est différente. L'Inserm a effectué des dosages en minéraux sur cinq espèces de légumes. Résultat : les légumes bio contiennent beaucoup plus de fer et de magnésium que ceux issus de l'agriculture intensive.

Moins de toxines, plus de vitamines

Ces avantages sont particulièrement importants au moment de la ménopause, car l'organisme a fort à faire pour s'adapter aux multiples changements biologiques qu'il doit gérer. Il a donc besoin d'être libéré au maximum de toutes les tâches qui ne sont pas indispensables, à commencer par l'élimination des toxines. Plus vous mangerez des aliments sains et dénués de toxiques chimiques, plus votre organisme économisera une énergie précieuse. En outre, votre corps a besoin, plus que jamais, d'un apport constant en nutriments essentiels, surtout en vitamines, en minéraux et en acides gras. Ce que les aliments bio apportent en plus grande quantité.

03

Certains aliments contiennent des hormones végétales qui régularisent naturellement le processus de la ménopause. C'est le moment de les consommer. Outre le soja, tournez-vous vers les pommes, les poires, les noisettes, le miel… Sans oublier la bière. Mais avec modération, bien sûr !

les aliments qui remplacent les hormones

Œstrogènes et progestérone

Certains aliments contiennent des substances dont la composition est proche de celle de nos hormones féminines : œstrogènes et progestérone. Le fait d'en manger en quantité importante pendant la préménopause, et même lorsque la ménopause est installée, permet d'adoucir les symptômes désagréables et d'accompagner en douceur les processus internes de transformation.

● ● ● P O U R   E N   S A V O I R   P L U S

> D'autres aliments contiennent aussi des lignanes ou des isoflavones, que l'organisme peut transformer en œstrogènes. Ce sont surtout l'ail, l'ananas, l'avoine, le brocoli, le thé, la carotte, le chou-fleur, le cumin, les graines de sésame, le maïs, la pomme, la pomme de terre…

> Ces aliments ont le même effet protecteur que les œstrogènes contre les risques cardiovasculaires et osseux.
> Ces phytohormones ne craignent pas la cuisson autant que les vitamines. Vous pouvez donc cuisiner les aliments qui les contiennent.

Le principal aliment contenant des phyto-œstrogènes est le soja (voir conseil 23). La phytoprogestérone, elle, est contenue dans le yam, une sorte d'igname mexicain (voir conseil 24). Mais bien d'autres produits peuvent vous aider.

Bore, bière, etc.

D'abord, les aliments riches en bore. C'est un minéral qui permet d'élever naturellement le taux d'œstrogènes chez les femmes ménopausées. On le trouve dans les pommes, les poires, les pêches et, surtout, dans les fruits séchés (dattes, raisins secs…), les légumineuses (lentilles, pois…) et les oléagineux (amandes, noisettes…), sans oublier le miel. Il suffit de deux pommes par jour ou de deux cuillerées de miel pour avoir un bon apport en bore. La bière contient deux œstrogènes végétaux que l'orga-

nisme peut absorber. Il semble aussi que cette boisson stimule une enzyme qui transforme d'autres hormones en œstrogènes lorsque le corps en a besoin. Mais attention : il ne faut pas dépasser cinq ou six verres par semaine si l'on veut obtenir des résultats.

EN DEUX MOTS

* Certains aliments (bière, pommes, thé…) contiennent des substances végétales proches de nos hormones.

* Pensez aussi à manger des aliments riches en bore, car ce minéral augmente naturellement le taux d'œstrogènes.

04

mangez des antioxydants

Certains aliments contiennent des antioxydants naturels. Ces substances protègent les cellules contre les ravages des radicaux libres qui accélèrent le vieillissement. C'est le moment de mettre en œuvre les multiples parades que vous offre la nature, à commencer par le contenu de votre assiette.

Vos ennemis intérieurs

Nos cellules ont une vie bien remplie. Parfois, leurs multiples activités aboutissent à la création de particules bizarres : il leur manque un électron, qu'elles s'acharnent à arracher sur leur passage pour redevenir complète. Ces particules ne vivent qu'une fraction de seconde, qui suffit à abîmer nos cellules. Il faut veiller, plus que jamais, à vous protéger de ces radicaux libres susceptibles d'accélérer le

● ● ●   POUR EN SAVOIR PLUS

> Pour absorber beaucoup d'antioxydants : mangez à chaque repas au moins un fruit frais, un légume frais cru et un cuit.
> Variez les couleurs : selon qu'ils sont jaunes, rouges, violets, orangés, verts… les fruits et les légumes contiennent vitamines, minéraux et antioxydants différents.

> Certains antioxydants supportent mal la cuisson (par exemple, les végétaux contenant de la vitamine C), mais d'autres sont libérés par la chaleur. C'est le cas notamment du lycopène, mieux assimilé lorsque les tomates sont cuites.

vieillissement de vos glandes endocrines et des tissus fragiles (os, peau, cheveux…).

Brocoli, tomate et thé

Les paravents naturels contre les radicaux libres sont les vitamines A, E et C, les minéraux (notamment le sélénium), ainsi que des substances contenues dans les végétaux. La quercétine, par exemple, est un anti-inflammatoire, un antiallergique et, surtout, un protecteur contre le vieillissement des parois artérielles. On la trouve dans les oignons rouges et jaunes, dans les brocolis et dans les courgettes. De même, le lycopène est un antioxydant majeur, qui protège toutes les cellules. Il est efficace en prévention de tous les cancers hormonaux-dépendants. On le trouve dans les tomates, les pastèques, les abricots…Les catéchines enfin, contenues dans le thé, sont également très efficaces.

> De nombreux végétaux contiennent des flavonoïdes. Ces substances, lorsqu'elles sont associées aux vitamines (surtout à la vitamine C), ont une action directement protectrice contre les radicaux libres.

EN DEUX MOTS

* Les radicaux libres accélèrent le vieillissement de l'organisme. Tous nos tissus en souffrent.

* Pour nous protéger, il faut manger quantité de végétaux frais pour leur vitamines, leurs minéraux et autres substances protectrices.

05

en gélules aussi...

Même si vous faites très attention à votre alimentation, vous ne pouvez pas être certaine d'absorber suffisamment d'antioxydants pour faire face à vos besoins pendant la période de la ménopause. Offrez-vous une cure de compléments alimentaires deux ou trois fois par an...

Dans les pépins de raisin

Certains antioxydants sont présents dans l'alimentation en grande quantité – pour peu que l'on fasse attention à ce que l'on mange –, mais les vitamines sont parfois très fragiles. La vitamine C, par exemple, résiste mal à la chaleur et à la lumière. Lorsqu'on fait cuire les aliments, elle fuit dans l'eau de cuisson. D'autres, comme la vitamine E, ne sont pas facilement assimilables par l'organisme.

● ● ● POUR EN SAVOIR PLUS

> Il existe sur le marché des produits associant au sélénium les principales vitamines antioxydantes (A, C et E). La synergie entre ces quatre nutriments en fait des protecteurs très efficaces.

> Vous pouvez suivre une cure de trois semaines, avec le produit de votre choix, une fois par trimestre. Respectez les quantités conseillées par le fabricant, qui dépendent du dosage du produit.

> Ces cures ne sont utiles qu'en complément d'une alimentation saine et équilibrée.

Enfin, il est des substances que l'on ne peut pas manger. Les polyphénols, par exemple, sont contenus dans l'enveloppe qui protège les pépins de raisin. Pour les avaler, il faudrait mâcher longuement les pépins. On en trouve trace seulement dans le vin rouge. En revanche, on trouve sur le marché des compléments alimentaires contenant des polyphénols.

Dans l'huile de palme

L'huile de palme rouge est une source d'antioxydants exceptionnelle. Elle contient du bêta-carotène (un précurseur de la vitamine A), de la vitamine E naturelle, et surtout des tocophérols, dont la structure est très proche de celle des tocophérols qui composent la vitamine E. De quoi protéger le corps contre les radicaux libres. Mais comme cette huile ne se mange pas,

il faut la consommer en gélules. Enfin, l'écorce de pin contient une substance très efficace contre les radicaux libres : les pycnogénols. D'abord utilisés en cosmétique, ces ingrédients naturels ont démontré leur action contre le vieillissement cellulaire lorsqu'ils sont absorbés par voie orale.

EN DEUX MOTS

* Certains antioxydants ne pouvant se manger se consomment sous forme de compléments alimentaires.

* Certains produits associent le sélénium et les vitamines A, C et E.

06

oxygénez-vous

Vous n'avez jamais fait de sport ? C'est le moment de vous y mettre. Car l'activité continue à être un facteur d'équilibre et de bien-être après 50 ans. Chez les femmes, le sport contribue à la prévention des risques liés à la ménopause : ostéoporose, excès de cholestérol, prise de poids...

Moins on bouge,
moins on a envie de bouger...

Le sport, pratiqué de manière raisonnable, constitue un instrument de bienêtre exceptionnel. L'activité physique augmente la capacité respiratoire, améliore l'oxygénation des cellules et l'évacuation des déchets. En bougeant, on accélère le rythme cardiaque et la circulation sanguine, ce qui permet aux cellules d'être mieux nourries. Le cœur, qui

● ● ●   P O U R   E N   S A V O I R   P L U S

> Consultez un médecin avant de vous mettre au sport afin d'éviter tout risque de contre-indication.

> Le tennis et le golf deviennent déconseillés dès que l'on a des problèmes de dos ou d'articulations des bras et des épaules; de même, le jogging ne fait pas bon ménage avec les problèmes articulaires des genoux et des hanches.

> Pensez aux arts martiaux et aux gymnastiques orientales, qui sollicitent modérément la statique, mais apprennent à se concentrer et à respirer (ce qui est très bénéfique).

est un muscle, se renforce. Côté squelette, l'exercice régulier améliore le
renouvellement de la matière osseuse
(voir conseil 9).
Le sport est aussi une arme de choix
pour lutter contre le stress et la tension
nerveuse.
Enfin, et c'est le plus important, la pratique
régulière d'un sport améliore globalement
le fonctionnement des glandes endocrines,
notamment les ovaires et les glandes surrénales. L'effet s'en fait rapidement sentir,
autant sur les bouffées de chaleur, qui s'at-
ténuent, que sur la sexualité, qui bénéficie
rapidement du réveil sensoriel.

Choisissez le bon sport

Inutile de vous transformer pour autant
en sportive de haut niveau car, s'il est
pratiqué de manière trop intensive, le
sport finit par avoir l'effet inverse,
notamment au niveau hormonal. Contentez-vous de pratiquer deux ou trois
fois par semaine, pendant au moins quarante minutes : c'est le temps minimal
nécessaire pour que l'organisme aille
puiser dans ses réserves.
Choisissez de préférence un sport qui
fait bouger l'ensemble du corps et ne sol-
licite pas certains muscles au détriment
d'autres. C'est le cas de la natation, du
vélo, de la marche (à un rythme soutenu
ou en randonnées de longue durée)…

EN DEUX MOTS

* La pratique du sport permet
de diminuer les risques liés
à la ménopause : cholestérol,
ostéoporose, prise de poids…

* Pratiquez régulièrement,
sans trop forcer. Le bon rythme :
au moins quarante minutes, deux
ou trois fois par semaine.

07

renforcez vos os

L'ostéoporose : voilà un grand ennemi des femmes à l'approche de la ménopause. Mais il ne faut pas paniquer pour autant. D'abord, toutes les femmes ne sont pas touchées. Ensuite, des gestes simples d'hygiène quotidienne permettent, le plus souvent, de la tenir à l'écart.

Perte osseuse après 40 ans

La matière de nos os se renouvelle en permanence : des cellules meurent, d'autres naissent. Pendant l'enfance et l'adolescence, la production de matière osseuse est plus importante que la destruction. Ensuite, les deux pôles se stabilisent. Mais après 40 ans, le processus s'inverse. Le vieillissement provoque donc une légère perte osseuse (environ 0,5 % par an).

Chez les femmes, la baisse puis le tarissement des hormones sexuelles accélèrent

● ● ●   P O U R   E N   S A V O I R   P L U S

> Le zinc est aussi très important pour la qualité des os, car il participe, avec la vitamine C, à la synthèse du collagène. Or, il semble qu'une grande partie de la population (80 %) soit carencée en zinc. Mangez des huîtres, du poisson, des céréales complètes, et ajoutez de la levure de bière en paillettes à vos plats de légumes.

> Le silicium est indispensable à la solidité osseuse : il est présent en grande quantité dans une plante, la prêle, que l'on peut consommer en gélules en cure d'un mois, à renouveler.

la déperdition osseuse, qui peut aller jusqu'à 3 % par an pendant quelques années.

Chouchoutez votre squelette

Si la densité osseuse est suffisamment importante pour compenser ce déficit, pas de problème. Mais si les os sont, au départ, de mauvaise qualité, ils résistent mal. Pour éviter l'ostéoporose, il faut donc s'y prendre le plus tôt possible, en chouchoutant son squelette.

Évitez tout ce qui peut l'agresser : tabac, alcool, café… Mangez équilibré : fruits et légumes frais pour les vitamines et les minéraux.

Absorbez suffisamment de calcium (voir conseil 8), et surtout de magnésium. Ce minéral régule l'entrée du calcium dans les cellules qui en ont besoin et favorise sa fixation sur la trame osseuse. On le trouve notamment dans les fruits secs et le chocolat noir.

> Forcez sur les brocolis, qui contiennent de la vitamine K, laquelle protège contre les risques de fracture, notamment du col du fémur.

EN DEUX MOTS

* Le tarissement de la sécrétion des hormones sexuelles accélère la déperdition osseuse, normale après 40 ans.

* Pour l'éviter, donnez à votre squelette tout ce dont il a besoin, à commencer par une alimentation saine, fraîche et équilibrée.

* Pensez surtout au zinc, à la vitamine D et au magnésium.

08 choisissez les aliments pleins de calcium

Contrairement à une idée largement répandue, le calcium ne se trouve pas seulement dans le lait et les laitages. Cette « star » de la construction osseuse est disponible dans nombre d'autres aliments. C'est heureux, car certaines personnes ne supportent pas les protéines du lait...

● ● ● POUR EN SAVOIR PLUS

> Le calcium est le minéral présent dans notre organisme en plus grande quantité : un adulte de taille moyenne en recèle environ 1,5 kg.

> Les femmes de plus de 50 ans devraient absorber environ 1 g de calcium par jour, ce qui correspond par exemple à deux yaourts au lait entier, plus 100 g d'amandes et 200 g de cresson.

Du lait, oui mais…

C'est vrai, c'est dans le lait et les produits laitiers que l'on trouve le plus de calcium. Mais bien d'autres aliments en contiennent. C'est une aubaine pour tous ceux qui ne supportent pas le lait, et ils sont nombreux.

Le lait de vache, le plus consommé en France, contient de grosses protéines qui provoquent des intolérances sérieuses. En plus, ce lait contient un sucre, le lactose, que certaines personnes ne peuvent pas dégrader et qui empêche, alors, l'absorption du calcium. Enfin, les produits laitiers contiennent beaucoup de phosphore, lequel contrarie l'action du calcium et du magnésium.

Le meilleur produit laitier pour les adultes est le yaourt, car le lait devient yaourt sous l'effet de bactéries qui transforment le lactose en acide lactique, aisément assimilable. Ces bactéries améliorent, globalement, la biodisponibilité du calcium.

Légumes, amandes et poissons

En plus des yaourts, veillez à manger régulièrement des aliments riches en calcium :
• les sardines en boîte sont très riches, à condition d'être mangées entières, avec les arêtes ;
• les amandes sous toutes leurs formes (entières, émondées, en poudre, effilées…) constituent une bonne source, d'autant qu'on peut les utiliser dans les plats salés autant qu'en desserts ; idem pour les raisins secs ;
• misez enfin sur les poissons, les fruits de mer, les crucifères (hormis les épinards, dont le calcium est difficilement assimilable) et les baies (myrtilles, framboises, airelles…).

> N'oubliez pas le lait de soja ou le lait d'amande : ce sont d'excellents substituts au lait de vache. Le soja contient 250 mg de calcium pour 100 g. Il contient aussi des phyto-œstrogènes, ce qui ne gâte rien (voir conseil 23).

09

faites marcher vos articulations

Encore un bienfait du sport : il permet d'augmenter la densité osseuse. Plus vous avez les os fragiles, plus il faut bouger. Raisonnablement, bien sûr ! Mais bien des études ont montré que les femmes ménopausées voient leur densité osseuse augmenter lorsqu'elles pratiquent régulièrement un exercice.

Plus de muscle, plus d'os…

C'est mathématique : plus vous développez votre masse musculaire, plus il vous faut de matière osseuse pour la porter et la faire bouger. Quel que soit l'état de vos os (sauf en cas d'atteinte très importante, bien sûr), votre organisme se chargera de rétablir la balance. Résultat : en faisant du sport, vous augmentez non seulement votre masse musculaire mais

● ● ● P O U R   E N   S A V O I R   P L U S

> Pensez à l'aquagym : le fait de faire des exercices dans l'eau soulage l'ensemble de la statique, tout en permettant un travail sérieux sur les muscles. De plus, la chaleur de l'eau permet une détente musculaire qui aide à faire davantage d'efforts sans souffrir.
> Avant de commencer une séance sportive,

échauffez-vous : c'est important pour mettre votre organisme en route sans choc brutal.
> À la fin de la séance, étirez-vous : les muscles, les tendons et les ligaments qui viennent d'être sollicités ont besoin d'un peu de détente…

aussi votre masse osseuse. Une étude menée sur des femmes ménopausées pendant un an l'a montré de manière irréfutable : celles qui pratiquaient un exercice physique modéré deux fois par semaine, régulièrement, ont vu leur densité osseuse augmenter de 1 % alors que les autres l'ont vue diminuer de plus de 2 %. Ce qui fait une sacrée différence !

… et plus de cartilages !

Les cartilages, qui tapissent les extrémités des os et assurent la parfaite mobilité des articulations, suivent le même chemin : lorsqu'ils sont sollicités régulièrement par le mouvement, ils ont tendance à s'épaissir et à se renforcer. Le sport constitue une protection importante contre les risques de troubles rhumatismaux et les douleurs articulaires dues à l'usure ou à l'inflammation des cartilages, lesquels augmentent aussi avec la ménopause.

À l'inverse, on sait que les alitements prolongés ou les difficultés de mobilité ont un effet opposé : la densité osseuse décroît rapidement, et les cartilages articulaires sont fragilisés.

Encore une très bonne raison de pratiquer un sport, sans forcer, régulièrement, et surtout avec plaisir. L'effet n'en sera que plus grand.

EN DEUX MOTS

* L'activité sportive augmente la masse musculaire, ce qui provoque directement une augmentation de la densité osseuse.

* Le sport aide aussi à entretenir les cartilages et à éviter les risques d'atteinte rhumatismale.

* Pensez à vous échauffer avant votre séance, et à vous étirer après.

10 buvez de l'eau minérale

Voilà une des meilleurs sources de calcium et de magnésium ! À condition de choisir une eau bien dosée…

Deux pour un : l'eau minérale est l'un des meilleurs pourvoyeurs en substances minérales. Comme le simple fait de boire de l'eau aide l'organisme à éliminer ses déchets et contribue à apporter les nutriments jusqu'aux cellules qui en ont besoin, vous avez tout à gagner à boire votre litre et demi chaque jour.
Mais encore faut-il savoir choisir l'eau qui vous convient. Pour nourrir vos os et leur apporter du calcium aisément utilisable, choisissez une eau qui possède une balance calcium/magnésium idéale : soit deux fois plus de calcium que de magnésium (voir conseil 7).

Regardez les étiquettes : toutes les eaux minérales portent, sur l'étiquette, la mention de leur composition minérale. La Badoit, par exemple, possède un bon rapport entre le calcium et le magnésium. L'Hépar, elle, est plus riche en magnésium. Veillez aussi à ce que votre eau ne soit pas trop riche en sodium.
Il existe des eaux régionales dont la composition est tout à fait intéressante. N'hésitez pas à les consommer, mais évitez de donner une eau trop fortement minéralisée à toute la famille. Certains n'ont pas besoin d'autant d'apport calcique.

● ● ● POUR EN SAVOIR PLUS

> **Un litre et demi** : c'est une quantité moyenne et non une norme. Chacun a un équilibre hydrique particulier, à vous de trouver la dose quotidienne qui vous convient.
> **Buvez avant d'avoir soif**, car la soif nous avertit que nous manquons déjà d'eau !

EN DEUX MOTS

* L'eau minérale est un bon pourvoyeur de calcium, à condition d'être bien dosée.

* L'idéal : deux fois plus de calcium que de magnésium.

11 dites non à l'alcool et au tabac

Plus que jamais, il faut perdre vos mauvaises habitudes. Arrêtez de fumer et réservez l'alcool aux situations exceptionnelles.

Une cigarette, des milliards de radicaux… Les radicaux libres, qui accélèrent les phénomènes de vieillissement accompagnant la ménopause, sont favorisés par le tabac (voir conseils 4 et 5). Une seule bouffée de cigarette génère des milliards de ces particules folles, sans parler des méfaits cardio-vasculaires et de l'intoxication régulière qui encombre l'organisme. Même les risques d'ostéoporose sont augmentée chez les fumeuses.

Décidez, vous y arriverez : si vous faites encore partie du camp des fumeurs réguliers, il est temps de vous arrêter. Il existe de nombreuses techniques d'aide au sevrage : patchs, substituts végétaux, chewing-gums… Toutes peuvent être efficaces si vous êtes vraiment décidée. Si vous n'êtes pas sûre de vous, il vous reste la psychothérapie d'accompagnement, qui vous aidera à comprendre les raisons de votre dépendance, et à modifier lentement vos habitudes de fumeuse.

EN DEUX MOTS

* Tabac et alcool font plus de ravages encore après la ménopause, en augmentant les risques d'ostéoporose et de maladies cardio-vasculaires.

* Essayez d'arrêter de fumer, et réservez l'alcool pour les grandes occasions.

12

attention à votre ligne !

Les années passent, les kilos ont tendance à s'installer et à refuser de partir. Les modifications hormonales de la ménopause n'arrangent rien. Alors, pour ne pas avoir à faire de régime plus tard, mettez-vous au vert tout de suite. Il n'y a qu'une solution durable contre les kilos : les bonnes habitudes alimentaires.

L'équilibre rompu

Pendant la vie d'une femme, entre la puberté et la ménopause, les hormones féminines dansent un ballet subtil : un coup les œstrogènes, un coup la progestérone… Sans compter les hormones secondaires, comme la testostérone. Ces hormones doivent être équilibrées. Cependant, dès la puberté, chaque femme possède son équation personnelle. Celles qui ont un plus fort taux d'œstrogènes ont davantage tendance

● ● ●   P O U R   E N   S A V O I R   P L U S

> Les dérèglements bénins de la glande thyroïde ont tendance à s'amplifier à l'approche de la ménopause. Un grand nombre de femmes, ayant une thyroïde paresseuse sans le savoir, ont des symptômes d'hypothyroïdie plus marqués dès 40 ans. À savoir : prise de poids, fatigue, sensation de froid dans les extrémités…

> Même si les calories n'ont pas autant d'importance qu'on l'a longtemps cru, essayez d'estimer globalement votre ration alimentaire habituelle en notant, pendant une semaine, tout ce que vous avalez. L'idéal est d'atteindre 1500 à 1800 calories par jour.

à prendre du poids ; elles ont une poitrine plus développée et une silhouette plus rebondie. À l'inverse, celles qui ont un plus fort taux de progestérone sont moins rondes, plus musclées.

Pendant les années d'avant la ménopause, les déséquilibres qui précèdent le tarissement des hormones féminines accentuent la prise de poids. Le stress et la fatigue sont aussi des ennemis de la balance : le système nerveux est impliqué aussi bien dans le déclenchement de l'appétit que dans le système de stockage des graisses dans les cellules adipeuses.

Mieux vaut prévenir…

Dès 40 ans, il faut donc essayer de limiter les mauvaises habitudes alimentaires afin d'éviter un régime drastique plus tard.

• Évitez le grignotage, les sucreries…
• Composez vos repas autour de deux légumes : un en entrée, un en plat principal.
• Ajoutez-y un plat à base de protéines (viande, poisson, œufs…) ou un plat à base de glucides lents (pâtes, riz, pommes de terre…).
• Pour les desserts, contentez-vous de yaourts et de fruits frais ou séchés.
• Évitez les boissons sucrées et l'alcool.

✳ EN DEUX MOTS

✳ À l'approche de la ménopause, les dérèglements hormonaux se manifestent souvent par une prise de poids.

✳ Dès 40 ans, ayez une alimentation saine n'excédant pas 1800 calories par jour.

13

éliminez grâce aux plantes

Pour ne pas grossir, il faut aussi éliminer les toxines afin qu'elles ne risquent pas de s'incruster dans les tissus. Ce sont elles qui, associées aux cellules graisseuses, retiennent l'eau et forment les amas de cellulite. À la ménopause, ce risque est accru. Les plantes peuvent vous aider...

Le travail harassant des reins

Tous les déchets produits par nos cellules, ainsi que les cellules mortes, constituent une masse de toxines que l'organisme doit éliminer. Les reins sont les principaux agents de cette élimination : les toxines, ramassées par le système lymphatique, sont conduites jusque dans le sang qui les amène aux reins ; là se produit un intense travail

● ● ● POUR EN SAVOIR PLUS ──────

> Pour éliminer la cellulite, essayez le drainage lymphatique : c'est un massage très doux, qui améliore la circulation de la lymphe dans le système lymphatique, accélérant l'évacuation des déchets.
> Vous pouvez aussi mettre du cerfeuil dans vos plats : cette plante aromatique est diuré-tique. Elle fait merveille dans les salades, les plats de légumes, les pâtes...
> Toutes ces plantes peuvent aussi se consommer sous forme de gélules : la posologie dépend alors du mode de fabrication et du dosage. Il faut se conformer aux indications du fabricant.

de filtration, puis les toxines recueillies sont évacuées dans l'urine.

Pour aider vos reins à faire ce travail, vous pouvez avoir recours aux plantes. Leur action est bien plus douce que celle des diurétiques chimiques. Elles augmentent la diurèse sans déséquilibrer l'organisme. Faites une cure de trois semaines, deux ou trois fois par an, avec de l'orthosiphon ou de la piloselle.

Orthosiphon et piloselle

L'orthosiphon est la star incontestée des plantes diurétiques. Il vient de Java, où on l'a baptisée «moustache de chat» à cause de ses quatre étamines effilées. Il augmente rapidement le volume des urines et accélère l'évacuation des déchets, qui ne peuvent plus s'incruster dans les cellules. On peut le consommer en tisane : 2 cuillerées à soupe pour 1/2 litre d'eau bouillante ; laissez infuser 10 minutes.

La piloselle est plus douce. Elle est même utilisée dans les cas d'insuffisance rénale. Il faut compter 50 g pour 1 litre d'eau bouillante, et laisser infuser 10 minutes.

Enfin, la célèbre tisane de queues de cerise : 1 cuillerée à soupe pour un quart de gros bol d'eau froide ; faites bouillir pendant 5 minutes, puis laissez refroidir.

EN DEUX MOTS

* Les risques de cellulite sont plus importants à la ménopause.

* Pour éviter ces amas disgracieux, faites confiance aux plantes.

* Orthosiphon, piloselle, queues de cerise… et mettez du cerfeuil dans votre cuisine.

14

mangez des algues

Nous n'avons pas l'habitude de les inviter à notre table. C'est dommage ! Car les algues sont des concentrés de nutriments exceptionnels. Elles sont particulièrement indiquées aux abords de la ménopause, car certaines exercent une action directe sur l'activité hormonale.

D'eau douce ou d'eau de mer ?

Les algues sont des plantes aquatiques. Elles se nourrissent en filtrant, à travers leurs parois, l'eau dans laquelle elles baignent afin d'en prélever les nutriments. C'est pourquoi elles sont très riches en minéraux et en oligoéléments.

Les algues marines et les algues d'eau douce n'ont pas la même composition. Chaque type possède ses vertus. La spiruline, par exemple, est une algue bleue microscopique que l'on trouve dans certains lacs d'altitude. Elle est très riche en protéines, alors que les algues marines sont souvent très bien pourvues en calcium, en fer et, surtout, en iode, nutriment indispensable de la glande thyroïde. En mangeant régulièrement des algues riches en iode, on peut aider les thyroïdes paresseuses à retrouver du tonus et, par répercussion, toutes les glandes endocrines suivent le mouvement…

Kombu, nori, wakamé

Parmi celles que l'on peut consommer couramment : kombu, nori, wakamé, dulse… La dulse, par exemple, contient énormément de potassium : 8 060 mg pour 100 g. Ce minéral participe à la régulation de l'eau dans les tissus et augmente la diurèse lorsque c'est nécessaire.

Le kombu contient 76 mg d'iode pour 100 g, ce qui en fait un excellent stimulant glandulaire.

Le wakamé contient aussi beaucoup de potassium, du phosphore et surtout du calcium : 1 300 mg pour 100 g. Il est battu sur ce terrain par le hifiki et le kombu, qui atteignent les 1 400 mg. Les algues sont donc une excellente source de calcium pour les femmes qui ne supportent pas les produits laitiers.

Le nori, enfin, contient de grandes quantités de vitamine A, un antioxydant essentiel.

● ● ●   POUR EN SAVOIR PLUS

> On trouve les algues déshydratées dans les magasins de diététique ou dans les rayons spécialisés des supermarchés. Elles peuvent ainsi se conserver plus longtemps. Il faut les faire tremper dans l'eau avant de les consommer.

> Vous pouvez les manger crues, dans des salades ou ajoutées à vos plats de légumes. Vous pouvez aussi les faire cuire dans vos potages et vos plats de riz ou de pâtes.

> Il suffit de cinq cuillerées à soupe par jour pour profiter largement de leurs bienfaits.

> Toutes les algues sont dépourvues de lipides : encore une qualité !

EN DEUX MOTS

* Dans votre alimentation quotidienne, n'oubliez pas les algues.

* Elles sont très riches en nutriments essentiels, notamment en calcium (pour les os), en potassium (pour aider à l'élimination de l'eau) et en iode (pour stimuler le travail des glandes endocrines).

15

huile d'onagre et huile de bourrache

Ces huiles ne se consomment pas en salade. On les trouve conditionnées en gélules et on les absorbe comme des compléments alimentaires. Elles ont de nombreuses vertus, notamment à cause des acides gras essentiels rares qu'elles contiennent. Votre corps en a particulièrement besoin en ce moment...

Gamma-linolénique

L'huile de bourrache est extraite des graines de la plante du même nom, dont on utilise les feuilles et les fleurs depuis des siècles pour leurs vertus dépuratives et émollientes. Cette huile, très concentrée, contient un taux exceptionnel d'acide gamma-linolénique, un acide gras essentiel qui participe à la synthèse des prostaglandines. Or, ces substances, qui participent à toutes les étapes de la vie

● ● ● POUR EN SAVOIR PLUS

> On trouve ces huiles, conditionnées en gélules, dans les parapharmacies, les pharmacies, les boutiques de diététique et les rayons spécialisés des supermarchés.
> Il faut absolument choisir des huiles de bonne qualité : extraites par première pression à froid, et si possible d'origine biologique.

> Une cure dure en moyenne trois semaines et peut être renouvelée tous les trimestres.
> Les quantités à prendre dépendent du dosage des gélules (le plus souvent, 500 mg).

féminine, se font de plus en plus rares avec l'âge. Une cure d'huile de bourrache permet de relancer la machine et d'éviter certains troubles, notamment pendant la période de préménopause.

L'huile d'onagre est, elle aussi, tirée des graines d'une fleur. Elle contient un peu moins d'acide gamma-linolénique, mais celui-ci est présent en proportions parfaitement équilibrées avec les autres acides gras essentiels. Elle est donc tout aussi efficace.

Pour prévenir les troubles de la ménopause

Ces deux huiles jouent un rôle protecteur contre bien des troubles dont les risques s'accroissent après 50 ans. Elles protègent notamment la paroi intestinale et équilibrent le fonctionnement de cet organe. Or, en plus de son rôle digestif et excréteur, l'intestin est impliqué dans les réactions immunitaires et inflammatoires. Rhumatismes et excès de cholestérol, notamment, sont retardés par un apport régulier en huile d'onagre ou de bourrache.

Enfin, elles nourrissent les parois cellulaires, qui ont besoin d'acides gras de bonne qualité pour conserver leur souplesse et rester perméables. Elles aident donc l'organisme à se protéger contre les effets visibles du vieillissement.

EN DEUX MOTS

* L'huile d'onagre et l'huile de bourrache contiennent de grandes quantités d'acide gamma-linolénique, un précurseur des prostaglandines.

* Elles protègent la paroi intestinale et aident à lutter contre les rhumatismes et l'excès de cholestérol.

16 entretenez votre sommeil

Les années passant, on dort de moins en moins bien. Les perturbations hormonales de la ménopause n'arrangent rien. Alors, mieux vaut prévenir…

Manque d'œstrogènes : certaines femmes ont des problèmes de sommeil importants dès qu'elles entrent dans la période de préménopause. Ces troubles sont dus à un manque d'œstrogènes. Ils s'accompagnent souvent de nervosité, d'irritabilité, parfois de véritable dépression (voir conseil 38). Pour y remédier, vous pouvez avoir recours aux méthodes naturelles : faites des cures de magnésium et essayez les plantes (voir conseil 47)…

Rééducation facile : une autre méthode efficace : la rééducation du sommeil. Dans un premier temps, surveillez et notez les moments où vous avez sommeil dans la journée, et l'heure précise où passe votre marchand de sable le soir. Vous verrez se dessiner des cycles plus ou moins réguliers. Ensuite, efforcez-vous d'organiser votre vie autour de ces cycles. Allez vous coucher dès que vous avez sommeil, ni avant ni après. Évitez les activités trop violentes le soir, et fuyez tout ce qui peut vous contrarier. Gardez les discussions et les règlements de compte pour le lendemain matin !

● ● ● POUR EN SAVOIR PLUS

> Évitez de trop manger le soir. Faites un repas léger (légumes, poisson, yaourt), si possible deux heures au moins avant votre heure habituelle de sommeil.
> Avant de vous coucher, faites un peu de relaxation ou de stretching : cela vous aidera à vous détendre.

EN DEUX MOTS

✳ Les problèmes de sommeil de la ménopause sont dus au manque d'œstrogènes.

✳ Faites confiance aux méthodes naturelles : plantes, magnésium…

✳ Essayez aussi de vous caler sur votre rythme de sommeil naturel.

17 écoutez votre fatigue

**La fatigue vous tombe sur les épaules de plus en plus souvent ? C'est normal !
C'est le résultat du cocktail « moins d'hormones-plus d'années »...**

Variations hormonales brutales: plus nous avançons en âge, plus nous sommes fatigables. C'est une règle incontournable, et certains sujets y sont plus soumis que d'autres. C'est le vieillissement cellulaire qui en est responsable.
Dès la préménopause cette fatigue est accentuée par des variations hormonales brutales. La première chose à faire est la plus simple : reposez-vous lorsque votre corps vous le demande !

Surveillez votre alimentation: la fatigue peut être accentuée par des carences nutritionnelles anciennes, qui se manifestent d'un coup. Certains oligoéléments, comme le phosphore, le manganèse ou le magnésium participent à la production d'énergie par les cellules. La vitamine C est aussi très importante. Essayez de manger une nourriture saine, fraîche et équilibrée. Et si votre fatigue résiste, faites une cure de compléments alimentaires pour vous donner un « coup de fouet ».

● ● ● POUR EN SAVOIR PLUS

> Côté vitamines, choisissez toujours la vitamine C naturelle, mieux assimilée par l'organisme.
> La gelée royale est un nectar produit par les abeilles pour nourrir la reine. C'est un concentré nutritionnel étonnant, très efficace contre la fatigue.
> À prendre de préférence le matin au petit déjeuner.

EN DEUX MOTS

* La fatigue est due à la fois au vieillissement et à la baisse des hormones.

* Apprenez à écouter votre corps et à vous reposer.

* Vous pouvez aussi essayer les oligoéléments ou la gelée royale.

18 nourrissez votre peau

La baisse des hormones, notamment des œstrogènes, a des répercussions sur l'état de la peau. Celle-ci devient plus fragile, plus sèche… Pour éviter ces désagréments, il faut nourrir votre épiderme en profondeur dès les premiers signes de la préménopause. Faites encore confiance aux plantes…

●●● POUR EN SAVOIR PLUS

> Le gel d'aloès peut s'utiliser pur, comme une crème. Son action est alors très intense, puisqu'on s'en sert même pour soigner les brûlures ou les ulcérations de l'épiderme.

> On trouve de nombreux produits à base de gel d'aloès dans les parapharmacies et les boutiques de diététique.
> Le beurre de karité peut, lui aussi, s'utiliser pur. Sa consistance crémeuse est agréable.

Plus grasse ou plus sèche ?

La modification de l'équilibre de la peau se déroule en deux phases. Dans un premier temps, au début de la préménopause, votre peau aura tendance à devenir plus grasse. Puis, votre taux d'hormones s'abaissant de plus en plus, elle s'asséchera au point, parfois, de devenir cartonneuse au toucher.

Les femmes un peu rondes ont un taux d'œstrogènes plus important que les autres, car ces hormones sont en partie stockées dans la graisse. Leur peau résiste donc mieux. Les femmes plus minces souffrent parfois beaucoup de ces problèmes de peau, qui viennent s'ajouter aux premières rides et accentuent la sensation de vieillissement.

Aloès et karité

Pour éviter ces désagréments, il faut soigner votre peau avec des produits capables de rééquilibrer son fonctionnement, quel que soit son problème. Deux plantes sont particulièrement efficaces : l'aloès et le karité.

> De nombreux fabricants de produits cosmétiques l'ont intégré à la formule de leurs produits, mais lisez bien les étiquettes pour voir quelle proportion de beurre de karité contiennent vraiment ces produits.

L'aloès contient une sorte de gel composé à 99 % d'eau. Dans le petit centième restant, plus de deux cents composants se partagent le travail : enzymes, vitamines, minéraux, acides aminés… Le gel de l'aloé vera (c'est l'espèce la plus active) est à la fois hydratant sur les peaux sèches et astringent sur les peaux grasses. C'est un régénérateur cellulaire qui redonne du tonus et de la fraîcheur à toutes les peaux. Le beurre de karité a, lui aussi, de nombreuses vertus : il est hydratant, adoucissant, régénérant, protecteur… Comme il est très riche en phytostérols, il permet aux parois cellulaires de retrouver leur souplesse, ce qui accélère les échanges métaboliques.

Les huiles végétales traitent les peaux fatiguées sans les agresser. À la ménopause, la peau a besoin de soins particuliers : plongez dans l'univers des huiles végétales, ce sont de véritables produits de beauté 100 % naturels !

19

les huiles de beauté naturelles

Acides gras contre la sécheresse

Les huiles de beauté sont des huiles végétales vierges, obtenues sans chauffer les produits d'origine et sans y ajouter le moindre adjuvant chimique. Elles ont une qualité importante : elles contiennent toutes des acides gras essentiels dont la peau a besoin.

L'huile d'onagre et l'huile de bourrache peuvent s'utiliser comme des crèmes de nuit (voir conseil 15), mais il en existe

● ● ● POUR EN SAVOIR PLUS

> L'autre grand avantage des huiles végétales, c'est qu'elles peuvent servir de base aux huiles essentielles. Ces extraits concentrés de plantes s'utilisent en très petites quantités (quelques gouttes), que l'on mélange à une huile végétale (10 % environ) pour en accentuer l'efficacité.

> Si vous avez la peau grasse, essayez l'huile essentielle de citron, de lavande ou de santal. Si elle est sèche, préférez la rose ou le néroli. Si vous avez des rides, optez pour le bois de rose ou le romarin.

beaucoup d'autres. Elles ont généralement une texture agréable. Toutes n'ont pas un parfum savoureux : l'huile de noyau d'abricot, par exemple, fleure bon le fruit, alors que l'huile de germe de blé sent un peu fort.

Avocat, jojoba, rosier…

L'huile d'avocat redonne à la peau l'élasticité qu'elle a perdue en renforçant la restructuration de ses fibres. Elle atténue les ridules. L'huile de germe de blé contient beaucoup de vitamine E naturelle, qui aide la peau à se protéger contre les radicaux libres. L'huile de jojoba a une composition en acides gras particulière, qui la rend proche du sébum que nous sécrétons naturellement pour protéger notre peau des agressions extérieures. Elle possède donc une affinité toute particulière avec notre épiderme.

L'huile de rosier muscat est très riche en vitamine A, un autre antioxydant remarquable ; elle convient bien aux peaux sèches ; l'huile de noisette en revanche, qui régule la production de sébum, est plus indiquée pour les peaux à tendance grasse. Vous pouvez utiliser toutes ces huiles comme soin de nuit ou comme soin réparateur après un masque. Vous pouvez aussi en enduire vos cheveux et vos ongles s'ils sont fragilisés.

EN DEUX MOTS

* Les huiles végétales sont de vrais produits de beauté naturels, qui conviennent bien aux problèmes de peau de la ménopause.

* Huile d'abricot, de germe de blé, de jojoba, d'avocat… vous avez le choix.

* Vous pouvez leur ajouter des huiles essentielles pour accentuer leur efficacité.

20 soignez vos cheveux

Comme la peau, les cheveux souffrent des variations hormonales. Encore une tâche dont les plantes s'acquittent parfaitement…

Naturelle parade : certaines femmes souffrent de leurs variations hormonales dès qu'elles se regardent dans un miroir : leurs cheveux sont devenus secs, cassants, fragiles… Ils se raréfient parfois considérablement. Pensez alors aux plantes qui constituent, encore une fois, une parade naturelle contre ces problèmes.

Pépins de coing ou huile de cèdre : si vos cheveux sont secs et ternes, préparerez une gelée de pépins de coing en faisant tremper 50 g de pépins dans 1 litre d'eau froide pendant trois jours. Étalez-la sur vos cheveux après le shampooing. Laissez reposer un quart d'heure, puis rincez. Répétez l'opération une fois par semaine pendant au moins un mois.
Pour freiner la chute des cheveux, confectionnez une huile de soin en mélangeant de l'huile essentielle de romarin et de cèdre à une huile de base (voir conseil 19). Vous l'appliquerez avant chaque shampooing et laisserez agir pendant une demi-heure.

● ● ● POUR EN SAVOIR PLUS

> N'oubliez pas les gestes d'hygiène quotidiens : brossez vos cheveux matin et soir, avec une brosse douce pour ne pas les agresser.
> Attention aux élastiques et aux barrettes, qui souvent les cassent. Préférez les coiffures naturelles.
> Pour couvrir les cheveux blancs, essayez les teintures aux plantes, moins agressives.

EN DEUX MOTS

* Les cheveux souffrent eux aussi des variations hormonales.

* Pour les protéger, essayez le gel de pépins de coing ou l'huile essentielle de cèdre.

* Brossez-les longuement matin et soir.

point de vue

je me suis mise au sport à 45 ans !

« Je n'avais jamais fait de sport de ma vie. Moi, ce que j'aimais, c'est la sieste au soleil, le farniente, la lecture… L'idée de m'agiter m'a toujours fatiguée à l'avance. Mais lorsque les premiers signes de la ménopause sont apparus, j'ai réagi. Je n'avais pas envie de m'enfoncer lentement dans une inactivité qui ne serait plus choisie mais imposée. J'avais la sensation que "des choses" se déroulaient dans mon corps, à mon insu, et que j'allais perdre tout contrôle sur moi-même. Alors je n'ai pas attendu. Dès les premières bouffées de chaleur, les premiers signes de fatigue, les premières nuits sans sommeil, j'ai décidé de changer ma façon de vivre : j'ai changé d'alimentation, et surtout, j'ai commencé à faire du sport. Je me suis mise au tai-chi. Je n'ai pas aimé ça tout de suite, mais, petit à petit, j'y ai pris du plaisir. J'ai marché davantage, j'ai arrêté de prendre ma voiture à tout bout de champ… Et tous mes symptômes ont disparu : insomnie, fatigue, bouffées de chaleur. Ma ménopause n'est pas tout à fait terminée, mais jusqu'ici, tout va bien ! »

21 »»»

» La préménopause puis la ménopause s'accompagnent de symptômes plus ou moins supportables selon les femmes. Bouffées de chaleur, excès de cholestérol, hypertension artérielle… Vous pouvez les gommer en douceur grâce aux techniques naturelles.

»»» **L'homéopathie** corrige au fur et à mesure les dérèglements hormonaux et en atténue l'ampleur. Les bouffées de chaleur, notamment, n'y résistent pas.

»»»»» **Les plantes sont très utiles** pour juguler l'hypertension ou faire baisser les légères hausses du cholestérol sanguin.

»»»»»» **Les hormones végétales, yam et soja,** font souvent aussi bien que les traitements hormonaux, sans risques d'effets secondaires.

40
CONSEILS

21

consultez votre gynécologue

Non, la ménopause n'est pas une maladie. C'est un passage normal dans la vie d'une femme, mais qui demande tout de même un suivi : il faut surveiller les éventuelles difficultés et pouvoir agir rapidement si les dérèglements sont trop importants.
Alors ne ratez pas les visites conseillées…

Depuis l'adolescence…

À partir de l'adolescence, toutes les jeunes filles devraient consulter régulièrement un gynécologue afin de vérifier le bon déroulement de la puberté et la mise en place régulière des cycles. Dès que la jeune fille commence à avoir une vie sexuelle régulière, ces examens deviennent indispensables ; le médecin peut délivrer des informations sur la contraception et, éventuellement, prescrire un contraceptif oral.

● ● ●　POUR EN SAVOIR PLUS ——————————

> Consultez dès que vous sentez les premiers signes avant-coureurs du bouleversement hormonal : maux de tête, règles irrégulières, bouffées de chaleur, transpiration nocturne, déprime inexpliquée, baisse de la libido, douleurs mammaires, sécheresse vaginale…
> Le médecin pourra faire doser vos hor-mones pour savoir où vous en êtes de votre ménopause (voir conseil 22).
> N'oubliez pas qu'il est possible, dans un grand nombre de cas, de traverser cette période sans médicaments, en utilisant simplement des moyens naturels.

Ce suivi régulier ne s'arrêtera plus car, au fil des années, de nouvelles transformations viennent se greffer. L'interruption volontaire de grossesse, la grossesse et la naissance d'un enfant, entre autres, demandent un suivi sérieux et régulier.

... jusqu'aux derniers jours

À partir de 40 ans, ces visites médicales deviennent plus rigoureuses. L'examen des seins, la palpation et la mammographie permettent de dépister précocement les cancers du sein, et donc de les soigner rapidement. De la même manière, le frottis du col de l'utérus donne des indications sur l'état des cellules et permet de diagnostiquer très rapidement les tumeurs cancéreuses.

Jusqu'à la préménopause, et en l'absence de problème précis, une visite par an, accompagnée des examens correspondants, suffit. Ensuite, dès qu'apparaissent les premiers signes de ménopause, la cadence peut s'accélérer : deux ou trois fois par an au début.

Enfin, lorsque votre ménopause sera installée et que vos règles seront complètement taries, le rythme se calmera à nouveau. Selon que vous suivez ou non un traitement hormonal de substitution, il variera d'une fois tous les six mois à une fois tous les deux ans.

✱ EN DEUX MOTS

✱ Dès l'adolescence, les femmes doivent consulter leur gynécologue régulièrement. Le rythme s'accélère dès qu'apparaissent les premiers symptômes.

✱ Le médecin surveille l'état des seins, l'évolution du statut hormonal, et il fait effectuer d'éventuels examens complémentaires.

22

faites doser vos hormones

Le plus sûr moyen de surveiller le bon déroulement de la ménopause, c'est le dosage hormonal. Une simple analyse de sang permet de vérifier le taux d'hormones sexuelles circulant dans le sang. C'est un complément indispensable à la visite médicale et aux examens complémentaires.

Toute une vie pour donner la vie

Toute la vie hormonale de la femme est organisée autour d'un but : donner la vie. C'est pour cette raison que nos ovules mûrissent chaque mois dans nos ovaires sous l'effet des œstrogènes, puis qu'ils se nichent dans l'utérus grâce à la progestérone. La ménopause signe la fin de ce programme, mais cela ne se fait pas toujours dans la douceur. À la préménopause, les ovaires ralentissent leur

● ● ● POUR EN SAVOIR PLUS ─────────

> À la naissance, une fille possède quatre cent mille ovules environ. À la puberté, il n'en reste que trente mille. La préménopause se déclenche lorsque le stock descend en-dessous de cinq cents. À la ménopause, les ovaires ne contiennent plus aucun ovule.
> Même si l'âge du début de la ménopause varie selon les femmes, une sur quatre a des cycles irréguliers dès 40 ans. À 50 ans, c'est une femme sur deux.
> On estime que de 10 à 15 % seulement des femmes traversent la ménopause sans ressentir de troubles ni avoir besoin de traitement.

rythme car le nombre d'ovules disponibles devient trop faible. Ils se ratatinent peu à peu. La progestérone et les œstrogènes commencent à diminuer. C'est le déséquilibre entre ces deux pôles complémentaires qui est responsable des premiers symptômes.

Le grand orage

Chaque mois, à partir de la puberté, l'hypophyse sécrète des gonadostimulines pour stimuler le travail des ovaires. Lorsqu'elle s'aperçoit que le corps ne sécrète plus suffisamment d'œstrogènes, l'hypophyse réagit en produisant davantage de gonadostimulines afin de soutenir les ovaires. C'est la période des symptômes violents. L'orage hormonal est intense dans le corps de la femme. Il durera jusqu'à ce que l'hypophyse ait compris l'inutilité de ces messages. Tout se calmera alors et rentrera dans l'ordre. L'histoire aura pris entre cinq et dix ans. Pour savoir où vous en êtes de votre ménopause, le plus simple est donc de doser le taux d'œstrogènes dans votre sang. En effet, une partie de ces hormones est sécrétée par les glandes surrénales, et transite dans le sang pour atteindre ses organes cibles. Les chiffres obtenus permettent de savoir si la ménopause est à peine commencée ou largement entamée.

EN DEUX MOTS

* Les hormones orchestrent la vie des femmes autour d'un but : donner la vie.

* En dosant les hormones dans le sang, vous pouvez savoir où vous en êtes dans le déroulement de votre ménopause.

23

misez
sur le soja

Le meilleur pourvoyeur en œstrogènes naturels est, sans conteste, le soja. Les graines germées, telles qu'on les consomme en Occident, en sont pleines. Cette plante se situe à mi-chemin entre la diététique et la phytothérapie. Vous pouvez la consommer sous toutes ses formes : cru, cuit, sous forme de lait ou de tofu…

Sans risque !

Les phyto-œstrogènes contenues dans le soja ressemblent de très près, dans leur structure chimique, aux œstrogènes que nous fabriquons. Même s'ils sont moins puissants que les nôtres, ces isoflavones vont se ficher sur les même récepteurs, situés dans les seins, l'utérus et le cerveau. Ils exercent ainsi une action similaire sur notre organisme lorsque nos propres œstrogènes nous font défaut.

● ● ● POUR EN SAVOIR PLUS ———————

> Pour bénéficier de ces isoflavones, il faut consommer le soja sous forme de haricots germés, de farine, de tofu – une sorte de fromage – ou de lait (on en trouve très peu dans l'huile et dans la sauce soja).

> Prenez l'habitude de remplacer certains aliments (farine, lait…) par des dérivés du soja, qui peuvent se cuisiner de la même façon.
> Une demi-tasse de farine de soja contient environ 50 mg d'isoflavones. On trouve la même quantité de phyto-

Cependant, si votre corps déborde de ces précieuses hormones, les phyto-œstrogènes du soja ont une action inverse : ils contrarient l'action œstro-génique excessive. C'est pourquoi on peut consommer autant de soja qu'on le désire sans courir le moindre risque.

45 grammes par jour

Les chercheurs occidentaux ont remar-qué depuis longtemps que les femmes asiatiques, notamment les Japonaises, ont un taux de symptômes ménopausiques et de cancers hormonaux dépendants très inférieur à la moyenne mondiale. Ils savent aujourd'hui que c'est dû à leur consommation permanente de soja.
De nombreuses études ont été menées aux États-Unis pour vérifier cela. Citons-en une, qui a porté sur des femmes méno-pausées ne suivant aucun traitement hormonal de substitution : ces femmes mangeaient 45 g de farine de soja par jour.

Au bout d'un mois, leur taux d'œstrogènes était redevenu proche de la normale.
La consommation régulière de soja, à rai-son de 45 à 60 g par jour, permet de jugu-ler tous les symptômes de la ménopause : elle protège contre l'ostéoporose, pré-vient les risques de cancer du sein et de maladies cardio-vasculaires...

œstrogènes dans une tasse de lait de soja ou dans une demi-tasse de tofu ou de haricots de soja cuits.
> Il existe aussi des extraits de soja, condi-tionnés en gélules, qui se prennent comme des compléments alimentaires.

EN DEUX MOTS

* Les isoflavones sont chimiquement proches de nos œstrogènes.

* Ils remplacent nos hormones lorsque nous en manquons et ralentissent leur action lorsque nous en avons trop.

24

essayez
le yam

Côté progestérone, il faut se tourner vers une igname mexicaine, le yam. Cette racine, impropre à la consommation alimentaire, contient des précurseurs de la progestérone. Les extraits de yam ont la même action que nos hormones naturelles, sans avoir les inconvénients des autres traitements.

Au fur et à mesure de nos besoins

Le yam est une plante de la famille des dioscoréacées dont la racine pèse jusqu'à 50 kilos. Celle-ci contient des principes actifs, les sapogénines stéroïdiennes, dont la structure est proche de celle de notre progestérone. Lorsque nous absorbons du yam, elles sont stockées dans le foie, qui les convertit en progestérone au fur et à mesure de nos besoins. C'est pour cette raison que la consommation de yam

● ● ● POUR EN SAVOIR PLUS

> On trouve du yam sous forme de crème ou de sérum, à appliquer sur la peau de la même manière que les traitements hormonaux classiques ; les principes actifs pénètrent à travers la barrière cutanée. On peut aussi le consommer en gélules, par voie orale.

> Certains médecins préconisent cette voie transcutanée pour éviter que les principes actifs du yam ne soient altérés par la digestion.

n'a pas les mêmes inconvénients que les traitements classiques : il n'y a aucun risque de surdosage. Mais le yam n'est pas un aliment consommable. Il faut donc passer par un conditionnement particulier.

Contre les troubles gynécologiques

Le yam est efficace pour soigner la plupart des troubles gynécologiques, syndrome prémenstruel, kystes des ovaires ou fibromes, car tous ces troubles impliquent, de près ou de loin, un déséquilibre hormonal. C'est cependant dans le traitement de la ménopause qu'il est le plus actif. Il agit notamment en prévention, et même en traitement, de la déperdition osseuse. Parmi les très nombreuses études consacrées au sujet, celle menée par un médecin américain, le Dr Lee, montre que pendant les six premiers mois de traitement, ses patientes ont vu leurs symptômes désagréables s'atténuer et leur densité osseuse augmenter (de 5 à 10 % par an !).

> Il existe aussi des produits associant soja et yam, dosés de manière à compenser les manques hormonaux de la préménopause et de la ménopause. On peut les prendre, en complément d'une alimentation saine, dès l'apparition des premiers symptômes.

EN DEUX MOTS

* Le yam est une sorte d'igname mexicaine dont la racine contient des substances proches de notre progestérone.

* Ces substances sont stockées dans le foie et transformées en progestérone au fur et à mesure de nos besoins. Il n'y a donc aucun risque de surdosage.

25

associez vitamines et minéraux

Pour aider votre corps, ajoutez aux hormones naturelles des cures de vitamines et de minéraux. C'est le plus sûr moyen d'échapper aux symptômes désagréables et de vous préparer une « postcinquantaine » épanouie. Misez surtout sur les vitamines du groupe B, et n'oubliez pas le fer.

Des organes sexuels en pleine jeunesse

La ménopause est déclenchée, entre autres, par le vieillissement des organes génitaux. Plus les ovaires et l'utérus vieillissent vite, plus le tarissement hormonal sera précoce et rapide, ce qui favorise l'apparition de symptômes violents. Pour ralentir le processus et lui permettre de se dérouler en douceur, il faut donc veiller à associer aux hor-

● ● ● P O U R E N S A V O I R P L U S

> Au début de la préménopause, il arrive que les règles deviennent anarchiques et abondantes, avant de s'espacer et de diminuer en intensité et en longueur. Dans ce cas, il faut penser à prendre du fer pour compenser la perte consécutive aux saignements.
> Mangez davantage de viande rouge, de céréales complètes, de persil, de jaune d'œuf… ou prenez des compléments deux fois par an. Attention : l'excès de fer peut provoquer des troubles sérieux. Demandez à votre médecin de faire doser votre fer sanguin avant de commencer tout traitement musclé.

mones végétales quelques vitamines et minéraux bien choisis.

En plus des nutriments qui aident à se protéger contre les radicaux libres (voir conseils 4 et 5) et du calcium qui renforce les os, vous pouvez miser sur les vitamines du groupe B. Elles jouent notamment un rôle essentiel dans l'équilibre psychique, souvent perturbé pendant la ménopause.

B1, B2, B3…

La vitamine B1 est indispensable au métabolisme du sucre, or on sait que l'excès de sucre perturbe le fonctionnement hormonal. Pour que vos glucides soient bien gérés par votre corps, il vous faut un supplément en vitamine B1, que vous trouverez dans la levure de bière.

La vitamine B2 intervient dans la qualité des muqueuses. Si vous ne voulez pas souffrir de sécheresse vaginale (voir conseil 51), mangez de la levure de bière ou faites une cure de compléments.

La vitamine B3 protège contre les problèmes articulaires et l'excès de cholestérol, et améliore l'irrigation cérébrale. On la trouve dans les germes de blé.

Enfin, la vitamine B6 participe au métabolisme des hormones. Il faut penser à suivre une cure si les symptômes de la ménopause sont violents.

EN DEUX MOTS

* Pour profiter pleinement des hormones végétales, associez-les à des micronutriments.

* Les vitamines du groupe B participent à la synthèse des hormones et à la bonne qualité des muqueuses.

* Le fer compense les pertes dues aux saignements intempestifs.

26

surveillez vos symptômes

Les femmes savent qu'elles entrent en ménopause lorsqu'elles ressentent dans leur corps les premiers signes du changement. Outre les variations dans la durée du cycle et l'abondance des règles (voir conseil 27), voici les principales manifestations auxquelles vous pouvez vous attendre.

Les bouffées de chaleur, la transpiration…

Les bouffées de chaleur sont le symptôme le plus fréquent. C'est aussi l'un des plus aisément reconnaissables, car on ne peut pas l'imputer à autre chose. Ce sont des ondes de chaleur qui envahissent le corps et provoquent une sensation de malaise. Elles sont provoquées par des contractions et des dilatations

●●● POUR EN SAVOIR PLUS ————————

> Les troubles sexuels sont fréquents à la ménopause. Ils sont dus à des facteurs hormonaux et psychiques.

> La baisse des hormones provoque des modifications des organes sexuels eux-mêmes : rétraction de la vulve, diminution de l'orifice vulvaire, dessèchement vaginal…

> Les seins aussi changent de forme. Chez certaines femmes, ils diminuent de volume, alors que chez d'autres ils sont sujets à une augmentation de la masse graisseuse qui les fait grossir. Dans tous les cas, ils deviennent plus mous et s'affaissent.

intempestives des vaisseaux sanguins. Le sang afflue brusquement et reflue tout aussi vite, provoquant parfois des frissons. La nuit, ces bouffées de chaleur peuvent s'accompagner d'une intense transpiration : on se réveille trempée, au point de devoir se lever pour se changer. On ne connaît pas avec exactitude l'origine de ces manifestations, mais on suppose qu'elles sont dues aux efforts désespérés de l'hypophyse pour relancer l'activité des ovaires (voir conseil 22).

Maux de tête et troubles de l'humeur

Ces bouffées de chaleur sont soulagées par les hormones végétales (voir conseils 23 et 24). L'homéopathie donne aussi de bons résultats (voir conseil 35).
Les maux de tête font également partie du tableau. Certaines femmes n'en souffrent pas du tout, alors que d'autres ont des migraines violentes. Ces douleurs disparaissent spontanément lorsque la ménopause est complètement installée et que les règles ont cessé.
Enfin, les troubles du sommeil sont fréquents. Ils sont dus en partie aux modifications des sécrétions hormonales, et en partie à d'autres facteurs comme les bouffées de chaleur nocturnes, la déprime, la fatigue psychique…

EN DEUX MOTS

* La ménopause s'annonce par des signes précis.

* Bouffées de chaleur et transpiration intempestive sont les symptômes les plus courants.

* Certaines femmes ont aussi des maux de tête, des troubles de l'humeur ou du sommeil.

27 observez le rythme de vos règles

Tant qu'elle est féconde, la femme perd du sang toutes les quatre semaines environ. À la ménopause, ces pertes cessent. L'abondance des règles et les changements dans la durée du cycle sont directement dus aux variations hormonales. Parfois, une véritable anarchie s'installe…

Une raison évidente

La raison de l'arrêt des règles est évidente: elles n'ont plus de raison d'être à partir du moment où les ovaires ont cessé de produire des ovules fécondables. En effet, les règles servent à évacuer les ovules non fécondés et nichés sur la muqueuse utérine en attente d'un spermatozoïde. En l'absence de cet hôte tant espéré, l'œuf finit par être expulsé, en même temps que le sang qui gonflait la muqueuse.

Au fur et à mesure que l'activité ovarienne ralentit, les règles sont censées s'espacer. Cependant, le tarissement des règles ne se fait pas toujours de manière régulière et progressive.

Hémorragies ou métrorragies

Certaines femmes ont des saignements abondants, qui tournent à l'hémorragie. Il faut toujours consulter lorsque les règles deviennent anormalement abondantes, afin de vérifier s'il n'existe aucune cause organique. Cela peut être dû à la présence d'un fibrome, passé inaperçu jusque-là. Parfois, les saignements sont associés à une sensation fréquente d'uriner lorsque le fibrome est mal placé, ou à une sensation de lourdeur dans le ventre.

Les métrorragies sont des saignements qui surviennent en dehors des règles. Là encore, il faut consulter un médecin car les causes peuvent être diverses : simple kyste ou début de tumeur. Ils peuvent aussi être le signe d'un cycle sans ovulation. Enfin, ces saignements intempestifs peuvent être dus à une hormonothérapie de substitution mal dosée.

EN DEUX MOTS

* Les règles servent à évacuer les ovules non fécondés. Lorsque les ovaires ne produisent plus d'ovules, les règles s'arrêtent.

* Cependant, cet arrêt est parfois précédé d'une période anarchique: hémorragies, saignements entre les cycles…

> Dans les ménopauses précoces, l'aménorrhée se manifeste parfois dès 40 ans, mais elle est précédée d'une préménopause au cours de laquelle les signes habituels se manifestent (bouffées de chaleur, troubles du sommeil et de l'humeur…).

28 les plantes qui calment les hémorragies

En période de préménopause, les règles deviennent parfois de plus en plus abondantes et rapprochées. Des plantes peuvent calmer ces excès…

L'hamamélis, la plante des femmes : bien des femmes connaissent les vertus de l'hamamélis pour soulager les troubles circulatoires. C'est la plante idéale pour soigner les jambes lourdes et les varices, en grande partie grâce à ses vertus vasoconstrictrices. L'hamamélis diminue la perméabilité des vaisseaux et augmente la résistance des parois. Elle est très astringente : elle resserre les tissus et empêche la diffusion de liquide dans le corps.

Pour toutes ces raisons, elle aide à diminuer les flux menstruels intempestifs.

L'ortie et le chardon Marie : essayez aussi l'ortie, la vraie, celle qui pousse dans nos jardins et qui donne des boutons quand on la touche. Cette plante est capable de stopper les hémorragies de la ménopause. On peut la consommer en tisane, comme une plante médicinale, ou la manger en soupe ou en purée, comme le cresson. Associez-la au chardon Marie : c'est un tonique veineux et hépatique, qui améliore la circulation sanguine de retour et calme les saignements.

● ● ● POUR EN SAVOIR PLUS

> L'hamamélis peut se prendre en gélules. En tisane, laissez infuser 10 minutes 1 cuillerée à café de feuilles et de jeune écorce dans une tasse d'eau chaude.
> Pour le chardon Marie, il faut 1 cuillerée à soupe pour un grand bol d'eau bouillante.

EN DEUX MOTS

* Certaines plantes peuvent calmer les règles hémorragiques du début de la préménopause.

* Essayez l'hamamélis et le chardon Marie. Mangez aussi des soupes d'ortie.

29 les plantes qui augmentent le flux

Lorsque le tarissement des règles se fait trop rapidement, on peut aider le flux menstruel à se réguler en douceur avec des plantes...

Utérus ou ovaires ? L'arrêt trop brutal des règles, dès le début de la préménopause, peut être dû à un tarissement prématuré des hormones au niveau des ovaires, ou à une difficulté organique au niveau de l'utérus.

Si le problème vient de l'utérus, prenez du ginkgo biloba. C'est un arbre aux mille vertus, dont les feuilles stimulent la micro-circulation sanguine et permettent à la paroi utérine de recommencer à se gonfler de sang pendant la durée du cycle.

Sauge et houblon : si le problème est d'origine hormonale, il faut augmenter la production d'hormones. La sauge officinale stimule directement l'activité des ovaires. De plus, comme elle contient des phyto-œstrogènes et qu'elle est légèrement diurétique, c'est l'une des plantes phares de la ménopause.

Pensez aussi au houblon, qui contient des phyto-œstrogènes. Son action sédative légère aide à surmonter la nervosité.

● ● ● POUR EN SAVOIR PLUS

> Le ginkgo s'achète conditionné en teinture, en extraits ou en gélules. La posologie dépend du conditionnement. Il est efficace en cures d'au moins trois semaines.

> Pour le houblon, comptez 15 g d'écorce séchée pour 1 litre d'eau bouillante, laissez infuser 10 minutes et buvez trois tasses par jour.

EN DEUX MOTS

* Si l'arrêt des règles est dû à un mauvais fonctionnement de l'utérus, le ginkgo biloba peut vous aider.

* S'il est dû à une baisse trop rapide des hormones, essayez la sauge et le houblon.

30

pensez ginseng

Voilà une plante parfaitement adaptée aux problèmes de la ménopause. Ce tonique global de l'organisme possède, en plus, une action hormono-stimulante. De quoi soulager la fatigue physique et psychique, les problèmes cardio-vasculaires et même les baisses de désir.

Histoire de racine

On découvrit le ginseng en Mandchourie vers 3500 avant J.-C. Depuis, il est devenu indispensable à la médecine chinoise tant on lui accorde de vertus. Il intéresse aujourd'hui les chercheurs occidentaux, qui l'ont analysé sous toutes les coutures, notamment en Russie. C'est ainsi qu'on lui a découvert une action hormono-stimulante : la racine de ginseng améliore les sécrétions des

● ● ●   P O U R   E N   S A V O I R   P L U S

> Le ginseng contient beaucoup de vitamines du groupe B (B1, B2, B3…), ainsi que des minéraux (phosphore, fer, cuivre, manganèse, soufre, silice…).

> Certains phytothérapeutes lui attribuent ont une dimension adaptogène : il aiderait le corps et le mental à s'adapter aux pressions extérieures, c'est pourquoi on le conseille dans les moments de stress. Et la ménopause en fait partie !

glandes endocrines car elle contient des composant stéroïdiens.

À la ménopause, cette action est toujours la bienvenue, d'autant qu'elle s'accompagne d'autres effets bénéfiques : le ginseng stimule le système nerveux central, ce qui lui permet de combattre la fatigue psychique, les problèmes de mémoire et de concentration ; d'abord hypertenseur, il devient ensuite légèrement hypotenseur. Il contribue à diminuer le taux de cholestérol sanguin et à réguler le métabolisme des sucres.

Du ginseng, oui, mais du vrai…

Il existe plusieurs variétés de ginseng, dont certaines sont plus efficaces que d'autres. Essayez de trouver du vrai ginseng, que l'on appelle Panax ginseng. On le trouve conditionné en teinture-mère ou en gélules. Le meilleur vient de Corée, mais on trouve aujourd'hui du ginseng français de bonne qualité.

> Le ginseng est aussi, comme le ginkgo biloba, un antiagrégant plaquettaire. Il contribue à améliorer la microcirculation cérébrale et à protéger contre le vieillissement des tissus. Évitez de consommer des excitants (café, cola…) en même temps.

EN DEUX MOTS

* Grâce à ses composants stéroïdiens, le ginseng stimule globalement les sécrétions des glandes endocrines.

* Il combat la fatigue sous toutes ses formes.

* Il aide aussi à lutter contre le cholestérol, à améliorer la gestion des sucres et à protéger du vieillissement.

31

surveillez votre cholestérol

Si les femmes sont moins sujettes que les hommes à l'hypercholestérolémie, c'est qu'elles sont protégée de ce fléau par... les œstrogènes ! À la ménopause, la baisse des hormones s'accompagne donc d'une augmentation des risques. Pour ne pas avoir à suivre un traitement, prenez les devants...

Ennemi ou ami ?

Le cholestérol est un ennemi qui nous veut du bien. Cette matière grasse à la structure particulière est indispensable à la vie de nos cellules. Si nous n'en fabriquons pas assez, nous risquons des problèmes graves. Heureusement, ces cas sont rares. Plus nombreuses sont les personnes qui souffrent d'un excès de cholestérol.
Le cholestérol navigue dans le sang pour

●●● POUR EN SAVOIR PLUS ───────

> Plus que le taux de cholestérol total, il faut surveiller le rapport entre «bon» et «mauvais» cholestérols. Le mauvais cholestérol (LDL) est celui qui circule jusqu'aux cellules, alors que le bon (HDL) est transporté jusqu'au foie pour être dégradé et évacué. Chacun est transporté par des protéines différentes, ce

qui permet de les différencier.
> Tant qu'on a un taux de cholestérol total inférieur à 2,5 g par litre de sang, tout va bien. Au-dessus, il faut veiller à ce que le taux de mauvais cholestérol ne soit pas plus de deux fois supérieur à celui du bon.

se rendre jusqu'aux cellules qui en ont besoin. Lorsque notre liquide vital en charrie plus que nos cellules ne peuvent en utiliser, celui-ci se dépose dans les artères. Il recueille au passage divers déchets, et finit par former des plaques d'athérome qui perturbent la circulation sanguine. Au pire, la plaque grossit au point de se transformer en bouchon, et c'est l'embolie.

Après 50 ans

Si l'excès de cholestérol guette surtout les hommes, c'est que les œstrogènes exercent une action protectrice contre les effets pathologiques du cholestérol. Mais à partir de 50 ans, et surtout après 60, la baisse de la production d'œstrogènes met hommes et femmes au même niveau. Il faut donc, dès les premiers signes de préménopause, observer des règles d'hygiène de vie qui permettent de lutter efficacement contre ce nouvel ennemi.

D'abord l'alimentation (voir conseil 32). Ensuite, le sport : des études ont montré qu'une activité physique régulière contribue à garder un taux de cholestérol raisonnable. Enfin, les plantes : l'artichaut, le pissenlit et l'olivier, entre autres, sont efficaces.

EN DEUX MOTS

* Les femmes sont moins sujettes à l'excès de cholestérol que les hommes grâce à l'action protectrice des œstrogènes. À la ménopause, les hormones baissent et le risque d'hypercholestérolémie augmente.

* Afin d'éviter tout risque, il faut donc surveiller son alimentation, faire du sport et consommer des plantes.

32 l'alimentation anti-cholestérol

Pour lutter contre le cholestérol, il ne faut pas supprimer les graisses dans l'alimentation, au contraire. Il faut seulement bien les choisir…

Moins de beurre, plus d'huile : notre corps fabrique la majeure partie de notre cholestérol (70 %) à partir des graisses alimentaires. Celles-ci sont composées d'acides gras essentiels, dont certains augmentent le taux de cholestérol (surtout le mauvais), alors que d'autres favorisent le bon cholestérol. Il faut donc apprendre à choisir les bonnes graisses. Globalement, il faut diminuer les graisses animales et augmenter les graisses végétales : moins de beurre, plus d'huile !

Attention aux graisses cachées : l'idéal serait de supprimer les aliments qui contiennent des graisses cachées (charcuteries, plats cuisinés industriels…) et diminuer le plus possible sa consommation de fromages, de beurre, de crème et de viandes grasses. Parallèlement, on augmentera la consommation de poisson, qui contient des acides gras de bonne qualité. Les huiles végétales conviennent également, à condition d'être consommées crues car leurs acides gras sont souvent sensibles à la chaleur.

● ● ● POUR EN SAVOIR PLUS

> Côté viande, privilégiez souvent la volaille, très maigre, et parfois le canard et l'oie : leur graisse contient de bons acides gras essentiels.
> Les œufs contiennent beaucoup de cholestérol. Les sujets à risque doivent éviter d'en manger plus de trois fois par semaine.

EN DEUX MOTS

* Pour éviter les risques de cholestérol, ne supprimez pas les graisses mais choisissez-les.

* Privilégiez le poisson et les huiles crues.

33 faites des cures de lécithine

Le soja a plus d'un tour dans son sac. Non content de contenir des phyto-œstrogènes, il est riche en lécithine, une substance qui empêche le cholestérol de nuire…

20 g par jour : il suffit de manger 20 g de haricots de soja par jour pour voir son taux de cholestérol baisser de manière significative. La responsabilité en revient non aux phyto-œstrogènes mais à la lécithine. Cette substance agit d'abord pendant la digestion en facilitant l'assimilation directe des graisses alimentaires, ce qui diminue d'autant la quantité de lipides circulant dans le sang, puis elle freine leur dépôt sur les artères.

Les stérols végétaux : ce sont des composants des fruits, des légumes et des céréales qui freinent l'absorption des graisses alimentaires. Celles que le corps n'a pas utilisées sont donc évacuées sans avoir été métabolisées.
Il existe aujourd'hui des produits enrichis en stérols végétaux qui permettent d'en absorber en quantité suffisante. Car, et c'est leur seul problème, il faudrait manger de 1 à 2 kilos de végétaux par jour pour qu'ils agissent !

● ● ● POUR EN SAVOIR PLUS

> On trouve de la lécithine de soja sous forme de comprimés ou de gélules. On peut aussi la consommer sous forme de granulés, que l'on ajoute à la nourriture.
> On trouve ces produits dans les boutiques de diététique, les pharmacies et les parapharmacies, ainsi que les rayons spécialisés des grandes surfaces.

EN DEUX MOTS

* La lécithine contenue dans le soja aide à faire baisser naturellement le taux de cholestérol sanguin.

* Les stérols végétaux ont une action similaire.

34

La médecine homéopathique propose une approche globale de la ménopause. Des traitements de fond, choisis en fonction de votre terrain, aident votre organisme à gérer au mieux les bouleversements en cours. S'y ajoutent des remèdes prescrits pour soulager les principaux symptômes.

êtes-vous Lachesis ?

Un traitement bien à vous !

L'homéopathie soigne un malade précis, et non une maladie. C'est un principe de base. Les médicaments sont toujours choisis en fonction de la façon dont se manifeste le problème. Face à la même situation, un rhume par exemple, chacun réagit à sa manière : celui-ci a froid et grelotte alors qu'un autre aura chaud au front ; untel a le nez qui coule alors que tel autre a le nez bouché…

●●● POUR EN SAVOIR PLUS ───────

> L'homéopathie repose sur le principe de similitude : une substance soigne, à dose infinitésimale, les réactions qu'elle provoque à dose normale sur un individu sain. Ainsi, le café peut provoquer des insomnies, avec de la tachycardie et une hyperactivité mentale ; Cofea, le remède à base de café, soigne ce type d'insomnie.

> Pour les traitements, de fond, il faut s'adresser à un médecin homéopathe, qui saura percevoir l'ensemble des symptômes et choisir le médicament qui convient.

Il en va de même pour la prise en charge de la ménopause. Chaque femme présente un ensemble de signes qui correspondent à un médicament particulier. Ces signes sont aussi bien d'ordre physique (forme du squelette, qualité de la peau…) que psychique (joie, déprime, colère…) et comportemental (timidité, sociabilité…). S'y ajoutent les symptômes proprement dits. Voici les deux principaux.

La seiche ou le serpent ?

Lachesis est un grand médicament de la ménopause, fabriqué à partir du venin d'un petit serpent. Il correspond aux femmes qui ont eu toute leur vie des règles peu abondantes, susceptibles de s'arrêter au moindre choc affectif. Elles ne supportent pas d'avoir le cou serré par un col ou un foulard, elles ont besoin d'air frais. Elle sont souvent excitées, nerveuses, bavardes.

Sepia est fabriqué avec l'encre de la seiche. Il correspond aux femmes d'humeur plutôt sombre, qui se réfugient volontiers dans la solitude et sont peu portées sur la sexualité. Elles sont fatiguées dès le matin, anxieuses. Elles souffrent fréquemment de constipation et ont une sensation de lourdeur dans le ventre.

Les traitements de fond se prennent à long terme (plusieurs mois) et sont associés à des médicaments symptomatiques qui soulagent les malaises récurrents.

✳ EN DEUX MOTS

✳ L'homéopathie propose des traitements très personnalisés de la ménopause.

✳ Les remèdes de fond correspondent au terrain de chaque femme.

✳ S'y ajoutent des médicaments qui calment les symptômes.

35

des granules contre les bouffées de chaleur

Face aux bouffées de chaleur, l'homéopathie propose des médicaments très efficaces s'ils sont bien choisis. Chacun correspond à un ensemble de signes très précis : sensation, transpiration, maux de tête, anxiété, tremblements… Observez-vous bien, vous allez peut-être vous reconnaître.

Vous ne transpirez pas

Voici d'abord, quelques médicaments homéopathiques qui correspondent aux bouffées de chaleur sans transpiration :
• lorsque la bouffée de chaleur monte, votre visage est chaud. Vos joues sont rouges autour et pâles au centre. La paume de vos mains et la plante de vos pieds sont brûlantes. Essayez Sanguinaria canadensis 5 CH ;
• vos bouffées de chaleur commencent par un mal de tête, avec les tempes bat-

●●● POUR EN SAVOIR PLUS

> Ces médicaments sont à prendre à raison de trois granules matin, midi et soir, de préférence une demi-heure avant le repas.
> Le nombre de « CH » indiqué correspond au degré de dilution du médicament. Plus le chiffre est élevé, plus le médicament est dilué et plus il agit en profondeur.

> Parfois, ces bouffées de chaleur s'accompagnent d'une hausse de la tension artérielle (voir conseils 39 et 40). Il vaut mieux alors consulter un médecin pour éviter tout risque inutile.

tantes et des palpitations. Essayez Cactus grandiflorus 7 CH ;
• lorsque la bouffée s'annonce, vos pupilles se dilatent, vous ne supportez plus la lumière et votre tête palpite. Prenez plutôt Belladonna 5 CH.

Vous avez des sueurs

Au contraire, vos bouffées de chaleur s'accompagnent de suées diurnes ou nocturnes :
• vous ressentez des bouffées successives de chaleur et de froid au visage, et vous suez abondamment sur tout le corps. Essayez Sepia 9 CH ;
• vous êtes anxieuse et émotive. Dès que les bouffées de chaleur commencent, vous suez rapidement et intensément. Essayez plutôt Pilocarpus jaborandi 5 CH ;
• vos sueurs sont froides alors que vous avez la paume des mains et la plante des pieds brûlantes. Vous devenez très irritable. Prenez Lilium tigrum 9 CH.

> L'homéopathie n'est pas incompatible avec d'autres traitements naturels : plantes, phytohormones, vitamines et minéraux.

EN DEUX MOTS

∗ Les bouffées de chaleur sont souvent améliorées par un traitement homéopathique bien choisi.

∗ Pour choisir votre remède, observez bien vos sensations et vos manifestations physiques lorsque la chaleur vous envahit.

36

des minidoses contre les maux de tête

Pour soulager les maux de tête de la ménopause, surtout s'ils sont fréquents, vous pouvez aussi faire confiance aux doses homéopathiques. Vous pourrez sans doute vous passer d'antalgiques si vous parvenez à trouver le remède qui vous convient vraiment.

Encore une question d'hormones !

Certaines femmes ont des maux de tête importants au moment de la ménopause. Parfois, elles en ont l'habitude, car elles ont souffert des mêmes douleurs avant leurs règles depuis l'adolescence. Mais il arrive aussi que les céphalées se déclenchent aux environs de la cinquantaine. Dans tous les cas, les variations hormonales sont impliquées.

● ● ●   POUR EN SAVOIR PLUS

> Ces médicaments sont à prendre à raison de trois granules trois fois par jour.
> Cependant, comme les maux de tête apparaissent sous forme de crises entrecoupées de rémissions, il vaut mieux consulter un médecin, qui saura apprécier les modalités du traitement.

> Faites attention à votre alimentation : vérifiez si aucun aliment ne déclenche ces crises. Les maux de tête ont souvent une composante alimentaire, qui vient s'ajouter aux déclencheurs hormonaux.

Rassurez-vous : ces maux de tête à connotation hormonale ont tendance à disparaître avec le tarissement complet des règles et la fin de la production d'œstrogènes. En attendant, vous pouvez essayer un traitement homéopathique.

Commencez par bien observer ce qui se passe en vous lorsque vos maux de tête débutent. Vous obtiendrez des informations très utiles pour choisir votre traitement.

Devant ou derrière, à droite ou à gauche…

Vous avez plutôt mal sur le côté gauche de la tête et vous sentez en même temps une douleur au niveau de l'ovaire : Ustilago 5 CH.

Vous avez mal sur l'arrière de la tête et les muscles de votre cou sont crispés : Actea racemosa 7 CH.

Vos maux de tête vous donnent une sensation de vertige, vous êtes fatiguée, vos oreilles bourdonnent… : China 7 CH.

Vous avez mal au niveau du front, vous avez l'impression que votre tête pulse et vous avez chaud au visage : Melilotus 5 CH.

Vous avez mal à la tête lorsque vous êtes enfermée dans un espace clos, mais les douleurs refluent dès que vous sortez à l'air frais ou que vous mettez un linge froid sur votre front : Pulsatilla 9 CH.

EN DEUX MOTS

* Des maux de tête apparaissent parfois à la ménopause. Ils sont dus aux variations hormonales, et cessent lorsque le corps ne sécrète plus d'œstrogènes.

* En attendant, vous pouvez essayer un traitement homéopathique.

* Surveillez aussi votre alimentation.

37 prenez soin de vos seins

Vos seins sont en train de subir des transformations ? C'est normal. Avec la fin des règles, ils ont tendance soit à grossir, soit à maigrir. Dans tous les cas, ils s'affaissent. Parfois, ils deviennent tendus, douloureux au toucher. Parfois apparaissent de petits nodules qu'il faut surveiller de près...

● ● ● POUR EN SAVOIR PLUS

> Vos seins changent, comme le reste de votre corps. C'est normal. Il faut faire la part des choses entre ce vieillissement et les signes anormaux.

> Ne paniquez pas si vous sentez des indurations dans vos seins : ce sont peut-être des nodules banals. Consultez cependant un médecin pour ne pas courir de risques inutiles : n'oubliez pas que la plupart des cancers du sein apparaissent à la ménopause.

Consultation, palpation, dépistage…

Les seins sont très sensibles aux changements hormonaux. Toutes les femmes le savent. Certaines connaissent bien ces gonflements douloureux qui apparaissent avant les règles et disparaissent avec les premiers saignements. D'autres n'ont jamais souffert pendant leur vie de femme et commencent à s'inquiéter vers la cinquantaine. Dans tous les cas, il faut consulter régulièrement un médecin afin de vérifier l'évolution des tissus qui constituent les seins. C'est le seul moyen de dépister à temps une éventuelle maladie grave. Même si un traitement homéopathique ne vous garantit pas de garder des seins de jeune fille après 50 ans, il peut atténuer les modifications des tissus.

Plus petits, plus gros, plus mous…

Vos seins diminuent de volume et vous avez la sensation qu'ils se vident. Ils deviennent plus flasques, leur peau se ride. Prenez

Conium maculatum 9 CH. Vous avez toujours été très mince, avec des seins petits et fermes. Depuis le début de la préménopause, ils s'atrophient et vous sentez à l'intérieur des petits noyaux durs. Essayez Iodum 9 CH.

Vous sentez vos seins gonflés et tendus, durs, douloureux au toucher. Vous y sentez des petites boules, surtout dans le sein droit. Prenez plutôt Phytolacca 9 CH.

Votre poitrine est dure et gonflée, mais cette sensation se situe surtout à gauche. Elle irradie dans le bras et dans le dos. Essayez Asterias rubens 9 CH.

Vos seins n'ont cessé de se flétrir au fil des mois. Depuis que votre ménopause est finie, vous êtes déprimée. Prenez Plumbum metallicum 9 CH.

> Ne vous exposez pas au soleil seins nus pendant de longues heures : la peau des seins est plus fragile que celle du reste du corps.

EN DEUX MOTS

* Surveillez l'évolution de vos seins et consultez régulièrement votre médecin afin de ne pas courir de risques inutiles.

* Certaines modifications dans la qualité des tissus peuvent être atténuées par un traitement homéopathique.

38

déprimée ?
pensez
millepertuis

Si votre ménopause vous déprime, si vous voyez le monde en gris, si vous vous sentez dépassée, n'hésitez pas : faites une cure de millepertuis. C'est **LA** plante anti-déprime. Certains extraits sont même aussi efficaces que les antidépresseurs, sans les effets secondaires.

Les démons de la cinquantaine

À l'époque des druides, on considérait le millepertuis comme une plante magique. Au Moyen Âge, on faisait respirer des fumées de millepertuis aux personnes suspectées d'être possédées. Aujourd'hui, on utilise cette plante pour soulager d'autres démons, générés par le monde moderne, et parfois particulièrement actifs chez les femmes en période de ménopause : la déprime et la dépression.

●●● POUR EN SAVOIR PLUS ─────

> De nombreuses études ont observé les effets comparés de l'extrait de millepertuis et des médicaments classiques (IMAO, ISRS…). La plante s'avère aussi efficace que les médicaments, puisqu'on note 80 % d'amélioration en quatre semaines.

> Les effets secondaires sont beaucoup moins importants : seulement 18 % des patients en ont ressenti, contre plus de 52 % avec les médicaments.

Ces troubles de l'humeur, parfois graves, sont un effet conjugué des variations hormonales, de l'accumulation des années, des modifications dans l'image du corps, de la difficulté à voir le temps s'accélérer…

Extrait ou infusion ?

En infusion, le millepertuis calme en douceur la nervosité et facilite le sommeil. Comptez 1 cuillerée à soupe de plante entière (tiges, fleurs et feuilles) pour un grand bol d'eau chaude, à laisser infuser 10 minutes. Son effet légèrement euphorisant aide à combattre les idées noires.
L'extrait de millepertuis possède une véritable action antidépressive, comparable à celle des médicaments lorsqu'il est suffisamment dosé en hypéricine. Pour que le traitement soit efficace, il faut que la malade absorbe environ 3 g d'hypéricine par jour. Cela représente dix fois plus de principe actif que ce qu'apportent trois tasses de tisane par jour.

> L'extrait de millepertuis est incompatible avec certains antidépresseurs. Il faut donc d'abord procéder à un sevrage, avant de remplacer le médicament par l'extrait de plante. Si vous êtes sous traitement antidépresseur, demandez conseil à votre médecin.

EN DEUX MOTS

* L'extrait de millepertuis est aussi efficace que les antidépresseurs, avec beaucoup moins d'effets secondaires.

* Ne mélangez pas cette plante avec les médicaments, car certaines molécules sont incompatibles.

Les modifications hormonales de la ménopause

provoquent parfois une hausse de la tension artérielle.

Même si celle-ci n'est vraiment dangereuse qu'au-delà

des limites admises, il vaut mieux s'en préoccuper

tout de suite, d'autant que de simples règles d'hygiène

de vie suffisent souvent à régler le problème.

39
surveillez
votre tension
artérielle

Deux chiffres pour un équilibre

La tension artérielle se mesure en plaçant un brassard muni d'une pompe autour du bras gauche. En gonflant, le brassard comprime les artères, ce qui permet d'évaluer la pression exercée par le sang sur les parois artérielles, d'abord lorsque le cœur se contracte pour propulser le sang dans le réseau sanguin, puis lorsqu'il se dilate pour se remplir de sang à nouveau.

● ● ● POUR EN SAVOIR PLUS ──────────

> On admet généralement que le chiffre maximal doit se situer, selon l'âge et le sexe, entre 13 et 15, et que le chiffre minimal ne doit pas excéder la moitié du maximum plus 1.
> Ce qui donne, pour une femme de 50 ans, un maximum de 14/8.

> Au-delà de 15/9, on parle d'hypertension réelle, et il est conseillé d'entamer un traitement. Mais les traitements médicamenteux classiques sont très longs et souvent mal tolérés. Mieux vaut modifier son hygiène de vie dès les premiers signes de hausse.

On obtient ainsi deux chiffres : le plus élevé correspond à la pression systolique, le plus bas à la pression diastolique. Ils donnent des indications sur l'état du cœur et des artères, tant par eux-mêmes que par le rapport entre les deux.

À la ménopause, il arrive que les variations hormonales, mais aussi les carences en magnésium, la prise de poids, l'anxiété, le stress… provoquent une hausse de tension.

Relaxation et alimentation

Mieux vaut ne pas laisser l'hypertension s'installer, car les risques sont nombreux : rupture de vaisseaux, difficultés respiratoires, fatigue intense, troubles cérébraux, troubles de la vision, problèmes de concentration…

Faites d'abord attention à votre alimentation : ne mangez pas trop salé, car l'excès de sodium provoque une rétention d'eau dans les tissus qui accroît le volume sanguin, augmentant la pression du sang sur les parois artérielles. À l'inverse, le potassium augmente l'élimination de l'eau. Mangez donc régulièrement des aliments riches en potassium : céleri, asperges, courgettes, épinards, pommes de terre, lentilles, abricots, bananes, saumon…

Le stress et la nervosité accentuent les risques : apprenez à vous relaxer et faites du sport.

EN DEUX MOTS

* Il arrive que la tension artérielle augmente à la ménopause.

* Pour éviter de courir des risques, mieux vaut modifier tout de suite votre hygiène de vie.

* Mangez des aliments riches en potassium, évitez l'excès de sel, relaxez-vous et faites du sport.

40 les plantes qui calment l'hypertension

Vous pouvez aussi demander un petit coup de pouce aux plantes. Elles vous aideront à éliminer l'eau, à renforcer vos artères et à vous relaxer.

Buvez de la reine-des-prés... : bien des plantes peuvent améliorer les hypertensions légères, en agissant à plusieurs niveaux. Elles diminuent le volume sanguin en accélérant l'élimination rénale ; elles dilatent les artères... Certaines sont même directement hypotensives. En plus d'améliorer l'hypertension légère, la reine-des-prés est diurétique. Pour une tisane, comptez 1 cuillerée à café de fleurs par tasse d'eau bouillante ; laissez infuser 10 minutes.

... et du buisson ardent : les fleurs de l'aubépine, le buisson ardent de la Bible, ont une action hypotensive, sédative et vasodilatatrice. Elles permettent donc de lutter contre le stress, d'abaisser la tension artérielle et d'augmenter le calibre des vaisseaux pour améliorer leur résistance. Comptez 5 g pour une tasse d'eau froide ; laissez bouillir 3 minutes et infuser 10 minutes.

● ● ● POUR EN SAVOIR PLUS

> Pensez aussi à l'olivier. Ses feuilles contiennent de l'acide glycolique, une substance qui abaisse la tension artérielle.
> On consomme les feuilles séchées et hachées en tisane : 1 cuillerée à soupe pour un gros bol d'eau froide, faites bouillir 4 minutes et laissez infuser 10 minutes.

EN DEUX MOTS

* La reine-des-prés est légèrement diurétique, ce qui contribue à diminuer le volume sanguin.

* L'aubépine a une action directement hypotensive. Elle calme aussi le stress.

point de vue

« J'ai toujours été un peu réfractaire aux obligations et aux discours culpabilisants. La façon dont les médecins forcent les femmes à suivre un traitement pour la ménopause, même lorsque tout se passe à peu près bien, m'énervait plutôt. Alors j'ai résisté. C'était d'autant plus facile que tout se passait bien : à 50 ans, je n'avais encore aucun signe, sinon un peu de fatigue et un sommeil plus léger. Quand j'ai commencé à avoir de vraies bouffées de chaleur, je me suis dit qu'il fallait que je trouve un moyen de me soigner sans en passer par les dictats sociaux. Un médecin m'a proposé des hormones végétales, associées à un traitement homéopathique. J'ai trouvé ça étonnant : les troubles se sont atténués, je me suis sentie bien au bout d'une semaine de traitement, sans effets secondaires. Je n'ai pas grossi, alors que je voyais mes amies enfler avec leur traitement hormonal. Et surtout, j'avais l'impression d'accompagner ma ménopause et d'aider mon corps, au lieu de me considérer comme une malade qu'il fallait soigner. Ça n'a l'air de rien, mais ça change tout ! »

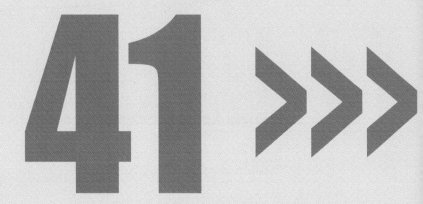

41

» Vous êtes en train de vivre la fin d'une époque… et le début d'une autre ! Libre à vous de faire de cette nouvelle page de votre vie un feu d'artifice. Certes, votre corps commence à ralentir sa course, **vous avez des rides et des cheveux blancs : et alors ?**

»» **Apprenez à accepter le temps qui passe :** c'est grâce à lui que vous avez accumulé expérience et sagesse.

»»» Ne vous laissez plus dépasser par le stress et les pressions. **Votre temps vous appartient.**

»»»» **Offrez-vous ce dont vous avez toujours eu envie :** des voyages, des activités créatrices, des soins intimes… Vous en avez enfin le droit.

60

CONSEILS

41

regardez vos rides avec indulgence

Vos rides ne sont pas seulement les traces du temps passé. Si vous apprenez à les accepter, elles montreront aux autres l'expérience et la richesse humaine que vous avez acquises au fil des année. Mais les accepter, ce n'est pas renoncer. Prenez vos rides en main avec sagesse…

Un vieillissement bien visible

À la ménopause, la peau change. C'est incontournable. Bien avant ce passage, déjà, votre épiderme a perdu en souplesse et en élasticité. Comme le reste de votre organisme, il a commencé à vieillir dès que vous avez atteint votre taille adulte. Mais ce vieillissement est plus visible, à vos yeux comme aux yeux des autres !

C'est sans doute pour cette raison que les rides sont parfois si difficiles à accep-

●●● P O U R   E N   S A V O I R   P L U S

> Notre peau, si nous l'étalions, couvrirait environ 2 mètres carrés et pèserait 3 kilos. C'est le plus gros de nos organes.

> Elle assure de nombreuses fonctions : protection contre les germes extérieurs ; vecteur de sensations; défenses immunitaires; respiration; maintien de la température interne ; sécrétions hormonales…

ter. Pourtant, les autres sont capables d'y voir autre chose que notre décrépitude, pour peu que nous acceptions de leur montrer à quel point le temps passé a été pour nous riche d'expériences, d'émotions, de richesse…

Crèmes de soins et chirurgie

Cela ne veut pas dire qu'il faille jeter tout de suite pots de crème et projets de lifting ! La peau a besoin de soins, et plus elle est nourrie – de l'intérieur, par l'alimentation et la boisson, comme de l'extérieur par des produits de soin de qualité – plus elle reste belle et éclatante malgré les rides.

Toute la différence réside dans la manière dont vous concevez ces soins : est-ce pour vous une façon de ralentir un déclin inévitable, ou est-ce un moyen de continuer à rayonner telle que vous êtes ? Même les actes chirurgicaux peu-

vent être tentés pour fuir la personne que l'on est devenue ou pour la mettre en valeur. Mieux vaut choisir la deuxième solution…

> En vieillissant, les cellules cutanées perdent leur capacité à retenir l'eau, et la peau perd une partie de son collagène et de sa kératine. C'est ce qui provoque l'affaissement des tissus et les sillons des rides.

42

réconciliez-vous avec votre silhouette

Il est normal de ne plus avoir, à 50 ans, la silhouette que l'on avait à 20 ! Le corps change, et la ménopause donne un coup d'accélérateur à ces modifications. Cependant, à chaque âge correspond une nouvelle beauté, lorsqu'on accepte de vivre son corps comme il est...

Fragile image de soi

Les difficultés que certaines femmes éprouvent à accepter l'évolution de leur silhouette sont souvent le reflet d'autres difficultés, plus profondes. Les relations que nous entretenons avec notre image sont complexes et s'enracinent dans notre petite enfance. Elles ont été modelées par l'amour que nos parents nous ont porté. Plus nous avions l'impression de les satisfaire, plus nous avons acquis

● ● ●   POUR EN SAVOIR PLUS

> Lorsqu'on refuse l'évolution de son corps, on a souvent tendance à limiter les sensations qu'il nous procure. On s'enferme, on se recroqueville... Pour renverser la vapeur, essayez de multiplier vos perceptions sensorielles : marchez pieds nus dans l'herbe, promenez-vous en forêt les yeux fermés et concentrez-

vous sur les odeurs, osez des mélanges d'épices et d'aromates lorsque vous faites la cuisine, et goûtez avec toute l'attention dont vous êtes capable... Vous pourrez ainsi recommencer à entendre, puis à écouter, les messages que votre corps vous envoie.

une image solide de nous-même. Mais si nous avions l'impression de n'être jamais tout à fait satisfaisant, toujours trop ceci ou pas assez cela, notre image intérieure s'est bâtie sur du sable. Elle en est restée mouvante, insaisissable.

Posez-vous les bonnes questions

Vous vous sentez mal dans votre peau aujourd'hui ? Profitez de votre ménopause pour faire le point, il est encore temps. Au lieu de faire endosser à l'âge et au temps qui passe l'ensemble des responsabilités, posez-vous des questions comme, par exemple, celles qui suivent : étiez-vous bien dans votre peau à 20 ans ? à 30 ans ? à 40 ans ? Vos parents vous complimentaient-ils lorsque vous étiez petite ? De quelle façon vous manifestaient-ils leur amour ? Comment vivez-vous le regard des autres sur vous ?
Vous pouvez aussi pratiquer quelques exercices qui aident à renforcer l'image de soi : regardez-vous dans un miroir et notez sur un papier tout ce que vous trouvez beau chez vous, et tout ce qui vous déplaît. Au début, la deuxième liste sera la plus fournie, mais, au fil des jours, vous pourrez ajouter sur la première des éléments auxquels vous ne pensiez pas. Petit à petit, vous pourrez ainsi vous accepter de mieux en mieux…

EN DEUX MOTS

* Lorsqu'on a du mal à accepter l'évolution de son corps, c'est souvent à cause d'une mauvaise image de soi.

* Pour vous réconcilier avec votre corps, interrogez-vous sur la façon dont on vous a aimée lorsque vous étiez enfant.

43

ne confondez pas ménopause et 3ᵉ âge

La ménopause signe la fin de la fécondité, pas celle de la féminité. Ne confondez pas ! Si la fin des règles sonne le glas de votre capacité de donner la vie, elle inaugure aussi une nouvelle période dans votre existence, une ouverture, une renaissance… Autant en profiter !

Une fin ou un commencement ?

Si la ménopause est souvent vécue comme une épreuve, c'est qu'elle représente la fin d'une époque, une cessation irréversible. Et la fin est toujours, symboliquement, associée à l'idée de mort. On peut cependant, à cette association funeste, substituer celle d'une renaissance. C'est toujours ainsi que se déroulent en nous les périodes de changement : le stress de la fin précède la joie du nou-

● ● ●   P O U R   E N   S A V O I R   P L U S

> Depuis le début du XXᵉ siècle, l'espérance de vie n'a cessé d'augmenter. En 1997, une femme pouvait atteindre plus de 82 ans, contre 74 pour un homme.

> L'espérance de vie augmente en moyenne d'un trimestre par an. En 2003, une femme peut donc espérer vivre 83 ans et demi.

veau commencement. En ce qui concerne la ménopause, cette idée est encore plus juste. Car si ce passage délicat représente la mort de nos derniers ovules, il inaugure aussi le début d'une nouvelle vie, plus libre. La mère potentielle s'efface devant la femme.

Vers une vie nouvelle !

Certaines ont même l'impression de redécouvrir un corps qui, enfin, leur appartient en propre. Loin de mettre un terme à leur sexualité, la ménopause les libère et leur ouvre de nouveaux horizons (voir conseils 50 à 52). D'autres s'autorisent enfin à prendre du temps pour elles et à se livrer à des activités nouvelles (voir conseil 49). Il est bien loin le temps où ménopause rimait avec vieillesse, où les femmes, à 50 ans, avaient remisé au placard leur séduction, leur désir et leurs espoirs… Aujourd'hui, à la ménopause, des portes s'ouvrent sur une vie nouvelle…

> Les recherches sur le vieillissement, la compréhension des mécanismes et la découverte de parades nous permettent de vivre plus vieux, mais aussi en meilleure santé, notamment grâce aux antioxydants (voir conseil 4). Ce serait bien dommage de ne pas en profiter.

EN DEUX MOTS

* La ménopause signe seulement la fin de la fécondité, pas celle de la féminité.

* Les femmes ménopausées ne doivent pas renoncer à leur corps et à leur séduction, au contraire : elles sont enfin en pleine possession d'elles-mêmes.

44 fuyez les stress inutiles

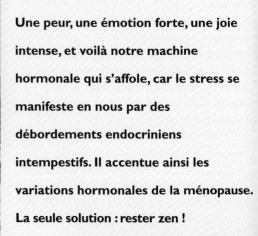

Une peur, une émotion forte, une joie intense, et voilà notre machine hormonale qui s'affole, car le stress se manifeste en nous par des débordements endocriniens intempestifs. Il accentue ainsi les variations hormonales de la ménopause. La seule solution : rester zen !

● ● ● POUR EN SAVOIR PLUS

> Dans notre organisme, une grande joie déclenche les mêmes réactions biologiques qu'une peur intense. Si on parle de bon et de mauvais stress, c'est d'une autre manière.

> Le bon stress, c'est l'ensemble des sollicitations qui nous poussent à agir, qui nous motivent, qui nous permettent d'évoluer. Sans stress, il n'y aurait pas de vie !

L'orage éclate

Lorsque vous êtes soumise à un stress, votre organisme réagit grâce à une mobilisation du système hormonal. Si vous sentez votre cœur qui bat plus vite et votre souffle qui s'accélère, c'est que l'hypothalamus a donné l'ordre de sécréter de l'adrénaline. Cette hormone vous met en état de vigilance maximale pour faire face au danger : le sang est distribué en priorité dans les organes nobles (cœur, cerveau…), au détriment de ceux qui peuvent attendre (estomac, vessie…). Dans notre cerveau aussi les sécrétions hormonales s'affolent : les neurohormones chargées d'acheminer les messages neuronaux sont sécrétées en plus grandes quantités.

Toutes ces hormones interfèrent avec nos sécrétions habituelles. Certaines glandes suspendent leur activité en attendant que l'orage soit passé, alors que d'autres redoublent de zèle.

À chacun son seuil de tolérance

Pour vivre une ménopause tranquille, il faudrait donc que nous ne subissions aucun stress. Autant aller se réfugier sur une île déserte. Et encore ! Nous ne pouvons pas nous mettre totalement à l'abri des sollicitations extérieures, d'autant que les grandes joies valent les grands chagrins sur le plan hormonal. Il ne nous reste plus qu'une solution : apprendre à modifier notre seuil de résistance. Car le degré de stress à partir duquel se déclenche en nous le plan « anti-stress maximal » varie d'une personne à l'autre. Nous pouvons améliorer notre seuil de résistance en devenant plus zen, plus serein face aux aléas de l'existence.

> Le mauvais stress, c'est l'excès de tension. C'est l'accumulation des problèmes auxquels nous ne pouvons pas répondre. Ce mauvais stress est facteur de maladies. À la ménopause, il augmente l'ampleur des symptômes.

EN DEUX MOTS

* Le stress s'inscrit dans notre corps par un ensemble de réactions hormonales, parfois violentes, qui perturbent le bon déroulement de la ménopause.

* Pour éviter ces débordements, il faut apprendre à rester zen face aux difficultés de l'existence.

45

éliminez
les tensions

Pour apprendre à vous relaxer, essayez l'une des nombreuses méthodes : yoga, training autogène, sophrologie… Chacune possède ses outils spécifiques, mais toutes vous aideront à vous rapprocher du but : vous détendre quand vous le désirez. Rester zen, quoi !

Respirer consciemment

La respiration est une arme commune à toutes les méthodes de relaxation, quelles que soient leur origine, leur théorie et leur pratique. La sophrologie comme le yoga, la méditation comme la visualisation, le training autogène comme la relaxation reposent avant tout sur une respiration ample, profonde et calme.
Nous respirons sans y penser, même pendant notre sommeil. Pourtant, nous

pouvons si nous le désirons ralentir ou accélérer notre souffle. En focalisant l'attention sur le souffle pour le ralentir et l'approfondir, on lâche les idées inutiles et on calme les battements cardiaques. Tout naturellement, on se détend.

Calmer les pensées, relâcher les muscles

Ensuite, les techniques divergent :
• le yoga propose des postures statiques, que l'on adopte en se concentrant mentalement ;
• la relaxation de Jacobson travaille sur le relâchement des crispations musculaires involontaires ;
• la visualisation est une sorte de cinéma mental organisé : on déroule dans sa tête des images, de manière à constituer un petit film porteur de symboles préalablement choisis.
Toutes ces méthodes constituent des outils de détente très efficaces. Ils sont enseignés soit en groupe, soit en séance individuelle auprès d'un thérapeute. Ensuite, on peut les intégrer à la vie quotidienne et les mettre en pratique dès que le stress se fait sentir.
Certaines techniques, comme le training autogène, sont très faciles à pratiquer rapidement et discrètement. Il suffit de fermer les yeux pendant cinq minutes et d'évoquer quelques gestes clés pour que la détente s'installe.

EN DEUX MOTS

* Pour apprendre à vous relaxer dès que vous en ressentez le besoin, initiez-vous à une méthode : yoga, relaxation, sophrologie, visualisation, training autogène…

* N'oubliez pas les petits gestes du quotidien qui aident à chasser les pensées parasites : un bon bain chaud ou une heure de jardinage.

46 les plantes qui calment

Pour gagner en sérénité, vous pouvez faire confiance aux plantes. Celles-ci savent gommer la nervosité en douceur...

Pas d'accoutumance : certaines plantes contiennent des principes actifs ayant une action psychotrope. Elles régulent l'activité du cerveau et du système nerveux sans avoir les effets secondaires des médicaments chimiques, et surtout sans provoquer d'accoutumance. Leur action est plus douce que celle de ces produits, mais on peut en absorber des quantités beaucoup plus importantes. En plus, le rituel de la tisane, le soir en particulier, participe à la détente après une journée fatigante.

Aubépine, aspérule et passiflore...

Voici une recette de tisane calmante agréable et efficace : préparez un mélange avec 50 g d'aspérule odorante, 30 g d'aubépine, 30 g de passiflore et 20 g de chardon béni.

Ensuite, confectionnez une tisane avec 1 cuillerée à soupe de ce mélange pour un grand bol d'eau bouillante. Laissez infuser 10 minutes. Vous pouvez boire de cette infusion jusqu'à quatre bols par jour.

● ● ● POUR EN SAVOIR PLUS

> Pour que votre tisane soit agréable au goût, préparez-la avec de l'eau minérale ou de l'eau filtrée.
> Sucrez-la légèrement au miel pour éviter le sucre blanc.

✳ EN DEUX MOTS

✳ Les plantes ont une action calmante plus douce que les médicaments chimiques. Pour la plupart, elles n'ont pas d'effets secondaires.

✳ Préparez-vous une tisane à base de passiflore, d'aspérule, d'aubépine et de chardon béni.

47 les plantes qui aident à dormir

Pour retrouver un sommeil serein, inutile de vous ruer sur les somnifères. Là encore, les plantes peuvent quelque chose pour vous...

Ballotte et verveine citronnée : les plantes exercent leur action calmante au niveau du sommeil. Elles n'ont pas les vertus hypnotiques des molécules chimiques mais exercent une action réelle sur le sommeil si on les prend régulièrement.

La ballotte aide les personnes angoissées à s'endormir sereinement et leur évite les cauchemars. Mais son goût n'est pas agréable. Consommez-la plutôt en gélules, et, si vous préférez la tisane (15 g pour 1 litre d'eau bouillante), sucrez-la au miel en l'associant à des plantes comme la verveine citronnée.

Valériane et tilleul : vous pouvez aussi essayer la valériane : sa racine aide à avoir un sommeil calme et durable. Elle est efficace surtout chez les individus sujets aux réveils nocturnes à répétition. Comptez 1 cuillerée à soupe de racines hachées pour un grand bol d'eau froide : laissez bouillir 3 minutes et infuser 10 minutes. Associez-la à de la verveine ou du tilleul pour un meilleur goût.

● ● ● POUR EN SAVOIR PLUS

> La valériane est aussi très efficace en gélules : il faut en prendre le soir au coucher, en cures d'au moins trois semaines.
> Vous pouvez associer ces plantes à celles qui calment la nervosité : passiflore, aubépine...

EN DEUX MOTS

* La ballotte et la valériane sont très efficaces pour dormir calmement la nuit entière, sans réveils ni cauchemars.

* Comme elles n'ont pas bon goût, consommez-les en gélules ou associez-les à des plantes plus agréables, comme la verveine ou le tilleul.

48

appréciez le temps qui passe

Le temps passe, nous n'y pouvons rien !

Il va au même rythme pour tout le monde et nul ne lui échappe, alors mieux vaut accepter son déroulement inexorable, d'autant qu'il possède aussi ses bons côtés : il nous enrichit, il nous libère… Avec les années, nous devenons un peu plus nous-même.

Un combat inutile

S'il est bien une lutte inutile, c'est celle que nous menons contre le temps !
À force de vouloir conserver cette jeunesse, par essence éphémère, qui se dissout sous nos efforts, nous gardons les yeux fixés sur le passé et nous oublions de savourer le présent.
Étions-nous plus heureuses lorsque nous avions moins de rides et de poignées d'amour ? Nos vingt ans étaient-ils

● ● ● POUR EN SAVOIR PLUS

> Apprenez à gérer le temps :
• notez chaque matin ce que vous avez à faire dans la journée et établissez un planning ; gardez-vous toujours des plages de liberté, qui serviront soit à caser les imprévus, soit (et c'est tant mieux !) à vous offrir du temps pour vous ;
• prévoyez, dans les occupations indispen-

sables, des activités agréables : coiffeur, esthéticienne, expo de peinture ou visite à une amie…
• lorsque vous devez remettre une occupation à plus tard, ne choisissez pas forcément celle qui vous est le plus agréable.

vraiment un bel âge ? Lorsqu'on se pose ces questions avec sincérité, on répond souvent par la négative, car à cet âge nous nous cherchions. Nous faisions mal la part des choses entre nos vrais désirs et ceux dictés par notre famille ou la société…

Les années passées depuis cette époque nous ont apporté des trésors dont nous n'avons pas toujours conscience. Nous pouvons enfin être plus sereines, moins tiraillées entre des désirs contradictoires, des illusions aveuglantes et des projets inutiles. Nous pouvons enfin être nous-même !

Les deux règles incontournables

Mais pour y arriver, encore faut-il observer deux règles :

• d'abord, prendre un peu de distance avec notre apparence, notre image. C'est mal juger les autres que de les croire impressionnés seulement par ce que nous montrons, et jamais par ce que nous sommes. Nous valons mieux que cela, eux comme nous !

• ensuite, apprendre dès aujourd'hui à prendre du temps pour soi. Plus le temps nous file entre les doigts, plus il perd de sa consistance et plus nous regrettons de le voir passer. Si, au contraire, nous le remplissons non pas d'agitation mais de sensations agréables, il imprime en nous une expérience positive.

EN DEUX MOTS

* À force de regretter le temps passé, on oublie de savourer le temps présent.

* Le temps possède aussi ses avantages : nous savons mieux qui nous sommes, ce que nous aimons, ce que nous désirons vraiment.

49 profitez de vos plus belles années !

Ça y est ! Vous en rêviez lorsque vous étiez dépassée par le travail, les enfants, les soucis… Aujourd'hui, plus rien ne vous retient. C'est justement ce qui provoque parfois des angoisses, car la réalisation des rêves est souvent moins idéale que nos projections…

● ● ● POUR EN SAVOIR PLUS

> C'est le moment de voyager : lorsqu'on n'a plus d'enfants scolarisés, on peut prendre ses vacances hors des périodes scolaires et pro-

fiter à la fois des bas prix, des arrière-saisons douces et des visites sans la foule des grands jours !

> Pensez aussi aux apprentissages qui ne servent à rien : apprenez à sculpter la glaise, à parler le swahili ou le grec ancien, à cultiver les orchidées…

Un rêve largement partagé

Nous nous ressemblons toutes sur un point : pendant des années, nous rêvons au moment où nous pourrons enfin penser à nous et seulement à nous. Nous imaginons ces après-midi au hammam à rêvasser dans la tiédeur moite, ces week-ends improvisés à la dernière minute, ces cours de dessin, de piano ou de langues orientales que nous pourrions suivre si seulement nous n'étions pas assaillies de toutes parts par les responsabilités. Mais quand vient le temps de prendre le temps, nous hésitons à le faire avec délectation. Les enfants partis laissent un grand vide dans la maison. La vie professionnelle n'est plus toujours aussi passionnante, et la perspective de la retraite provoque une perte de repères.

Ressortez les projets du placard !

C'est le moment de réagir. Aujourd'hui, à 50 ans, 60 ans et au-delà, les femmes ont encore de très belles années devant elles.

Elles ont enfin du temps pour elles. Il faut en profiter vraiment et ressortir les grands projets des placards où on les avait enfouis. Hélas, ce n'est pas toujours facile. La grande responsable : l'angoisse. Nous avons peur que notre satisfaction ne soit pas au rendez-vous, ou qu'elle ne soit pas à la hauteur de nos attentes. Certaines préfèrent passer directement de la période des projections fantasmatiques à celle des regrets ressassés. C'est dommage, car le temps perdu aujourd'hui à se plaindre ne sera jamais rattrapé !

EN DEUX MOTS

* Souvent, l'âge de la ménopause coïncide avec une nouvelle période, celle où les enfants sont partis et le travail moins prenant.

* C'est le moment de prendre le temps de vivre et de faire enfin tout ce qu'on n'a pas pu faire plus tôt !

> Dès que vous en avez la possibilité, partagez ces nouveaux plaisirs avec des amis, anciens ou nouveaux.

50

chouchoutez votre libido

Les femmes ménopausées peuvent continuer à mener une vie sexuelle et amoureuse normale. C'est même le moment de vous réapproprier votre corps, qui vous appartient enfin en propre. Les modifications hormonales impliquent cependant quelques changements...

Baisse hormonale

Les modifications hormonales qui provoquent l'arrêt des règles ont une répercussion sur la libido. Dans un premier temps, la baisse de sécrétion des œstrogènes laisse la place libre à la progestérone : celle-ci a un effet apaisant global, qui se répercute sur le désir. La libido sommeille. Mais par la suite, la progestérone finit par diminuer à son tour et l'équilibre revient.

●●● POUR EN SAVOIR PLUS ——————

> Pour une femme, la simulation de l'orgasme est chose facile. Il suffit de quelques mouvements saccadés du bassin, de râles et de soupirs appuyés pour que le partenaire y croie. La tentation est grande de se servir de ce subterfuge pour expédier un rapport qui dure inutilement ou pour faire plaisir à un partenaire qui doute facilement de sa virilité. Pourtant, si cela peut paraître ponctuellement justifié, ce n'est jamais la meilleure solution !

> Si vous avez parfois du mal à trouver votre jouissance, mieux vaut en parler clairement à votre partenaire et tenter de trouver, ensemble, une solution.

Cette baisse de désir est variable selon les femmes. Elle dépend de l'ampleur des variations hormonales et de leur durée. Elle est aussi influencée par la qualité de la relation du couple. La désir de l'homme est souvent suffisant pour rallumer la flamme vacillante. Les hormones végétales (voir conseils 23 et 24) rétablissent rapidement l'équilibre rompu lorsque c'est nécessaire.

Ne dramatisez pas !

Le tarissement des hormones peut aussi avoir des effets physiologiques sur la région génitale : rétraction de la vulve et de l'orifice vulvaire ; diminution de la sensibilité du clitoris et des seins… Là encore, un traitement à base d'hormones végétales suffit le plus souvent à atténuer les sensations désagréables et à restituer la sensibilité perdue.

Il arrive aussi que les rapports deviennent douloureux à cause de la rétraction des organes génitaux, mais ces douleurs sont transitoires. Le rôle du partenaire est alors essentiel : s'il fait preuve de tendresse, de patience et de compréhension, les choses reviennent à la normale au bout de quelques semaines, voire quelques mois.

EN DEUX MOTS

* La ménopause n'empêche pas les femmes d'avoir une vie sexuelle et amoureuse normale.

* La chute des hormones peut provoquer une baisse du désir. Les hormones végétales sont très efficaces pour y remédier.

51 et la sécheresse vaginale ?

C'est le problème génital le plus courant à la ménopause : le vagin se lubrifie moins bien, ce qui provoque des sensations désagréables...

Moins de sécrétions : outre leur rétraction, les muqueuses du vagin perdent souvent leur élasticité et, surtout, leur lubrification naturelle. Les sécrétions provoquées par la montée du désir et de l'excitation ont normalement pour effet de lubrifier l'entrée et l'intérieur du vagin afin de rendre la pénétration non seulement facile, mais surtout satisfaisante.

La sécheresse vaginale rend les rapports moins agréables, voire carrément doulou-reux, avec des sensations de brûlures ou l'impression d'avoir les muqueuses « à vif ».

Localement, globalement... : cette sécheresse vaginale peut se soigner de deux manières : soit localement, en utilisant un lubrifiant ; soit globalement, en suivant un traitement à base d'hormones végétales, voire un traitement hormonal de substitution lorsque les hormones végétales sont insuffisantes.

Les douleurs génitales provoquées par la sécheresse du vagin peuvent aussi se soigner avec un médicament homéopathique : Lycopodium 9 CH. Prenez trois granules matin et soir pendant au moins trois semaines.

● ● ● POUR EN SAVOIR PLUS

> Des recherches ont montré que les assèchements vaginaux, comme les autres troubles sexuels de la ménopause, sont plus importants chez les femmes abstinentes que chez celles qui continuent à mener une vie sexuelle active.

✳ EN DEUX MOTS

✳ La sécheresse vaginale se soigne avec un lubrifiant local, un traitement à base d'hormones ou de l'homéopathie.

52 apprenez-lui la douceur

À 50 ans, les femmes sont sexuellement plus mûres qu'à 20 ans. C'est le moment d'enrichir votre sexualité !

À vous de prendre l'initiative: votre sexualité est en train de changer, alors profitez-en pour l'enrichir. Les transformations en cours dans votre corps laissent une large place à l'apprentissage de la tendresse et de la sensualité. Or, une nouvelle sexualité, cela s'apprend à deux !
En matière de conduite amoureuse, la meilleure pédagogie est celle de l'exemple. Faites vous-même les gestes que vous aimeriez recevoir. Prenez l'initiative, osez des pratiques nouvelles, mais respectez les blocages et les réticences de votre partenaire. Laissez-lui le temps de s'habituer.

Évitez les reproches: il n'y a rien de pire, en matière de sexualité, que d'entendre des reproches. Demandez franchement les caresses que vous aimeriez recevoir et ne teintez jamais vos propos de réprobation. Autant l'expression claire d'une envie et d'un plaisir à venir peut être motivante pour l'autre, autant le sentiment d'être incompétent ne l'est jamais !

● ● ● POUR EN SAVOIR PLUS

> Pour faire comprendre à l'autre ce que l'on aime, il faut communiquer ! Douceur, tendresse, parole et confiance, voilà les éléments essentiels de la communication sensuelle. Il faut d'abord établir le lien et mettre en place ces éléments essentiels avant de demander ou de proposer quoi que ce soit.

EN DEUX MOTS

∗ C'est le moment d'enrichir votre sexualité et d'explorer les territoires immenses de la douceur, de la tendresse, de la sensualité…

∗ Prenez l'initiative en douceur, et surtout parlez !

53

entretenez votre mémoire

Vous avez l'impression que vos souvenirs deviennent légers comme des papillons ? Ne laissez pas votre mémoire s'endormir. C'est le moment de nourrir votre cerveau, et surtout d'entraîner vos petites cellules grises pour qu'elles ne perdent pas leur efficacité...

Deux kilos de matière grise et molle

C'est dans notre cerveau, ces deux kilos de matière grise et molle, que nos souvenirs sont captés, puis enregistrés, stockés et restitués.

Le ralentissement hormonal de la ménopause peut avoir des répercussions sur l'équilibre hormonal du cerveau, or les neurohormones sont impliquées dans la qualité de la mémoire. Le vieillissement

● ● ● P O U R   E N   S A V O I R   P L U S

> La qualité de la mémoire dépend de celle de nos organes sensoriels. On ne retient une image que si on l'a bien vue, on ne se souvient d'un son que si on l'a bien entendu...

> Entretenez aussi vos organes sensoriels : goûtez des saveurs nouvelles, changez de parfum tous les jours, faites des balades dans la nature pour ressentir les mille sensations qui vous sont offertes...

> Pour fortifier la vue, le yoga des yeux fait merveille : ces exercices oculaires tonifient les muscles de l'accommodation visuelle et permettent parfois de se passer de lunettes.

du cerveau peut aussi commencer à se faire sentir, surtout si l'on n'a pas pris soin de bien le nourrir depuis l'enfance. C'est un gros consommateur de glucose et d'acides gras, et il a aussi besoin de magnésium et de vitamines du groupe B. Mangez de la levure de bière ou du germe de blé, faites des cures de gelée royale et, surtout, mangez des bonnes graisses : des huiles végétales crues et du poisson gras.

Faites travailler vos neurones

Plus vous faites travailler votre mémoire, plus elle restera opérationnelle. Au lieu de tout noter par peur d'oublier, continuez à faire carburer vos neurones :
• allez faire les courses sans liste (si vous oubliez quelque chose, ce n'est pas grave !) ;
• essayez de mémoriser les numéros de téléphone de vos amis et ne les cherchez dans votre carnet que si vous ne parvenez pas à vous en souvenir…
Vous pouvez aussi demander un petit coup de pouce aux plantes. Le ginkgo biloba améliore la circulation sanguine dans les minuscules vaisseaux du cerveau, ce qui l'aide à mieux fonctionner. Le ginseng tonifie les fonctions cérébrales. Il existe des compléments alimentaires associant plantes, vitamines et minéraux, spécialement conçus pour entretenir la mémoire.

EN DEUX MOTS

* Si votre mémoire patine, c'est peut-être parce que votre cerveau est mal nourri. Donnez-lui du magnésium, des bons acides gras, des vitamines du groupe B…

* Faites-la travailler : la mémoire s'entretient comme un muscle.

54

cueillez les fleurs de l'âge

Malgré tous vos efforts, vos tracas hormonaux se manifestent parfois par des baisses de moral. Vous vous sentez déprimée, irritée, nerveuse… De vieilles angoisses remontent, que vous n'aviez plus ressenties depuis des années. La peur de vieillir y ajoute son grain de sel. Buvez des fleurs, c'est efficace !

La rosée des fleurs

Les élixirs de fleurs ont été mis au point au début de XXe siècle par un médecin anglais, le Dr Edward Bach. Ce chercheur infatigable était en quête du médicament naturel idéal qui pourrait rééquilibrer l'âme et le corps, sans violence ni effets secondaires. Il était en effet persuadé (c'était un précurseur) que toutes les maladies ont une dimension psychique. Il s'intéressa aux fleurs, et à la rosée qui se dépose sur leur

● ● ● POUR EN SAVOIR PLUS

> L'élixir de vigne (Vine) aide les personnes trop dominantes, qui ne désirent personne car personne n'est à la hauteur. L'élixir de centaurée (Centaury) soulage les personnes trop soumises aux désirs des autres pour garder le contact avec leur propre désir.

> L'élixir de tremble (Aspen) convient aux personnes que la sexualité effraie.
> L'élixir de violette d'eau (Water violet) relance le désir des personnes qui préfèrent rêver à l'être idéal que se confronter à la réalité de la relation.

corolle au petit matin. Il la recueillit, l'administra à ses patients et obtint des résultats. C'est en imitant ce procédé naturel qu'il mit au point ses trente-huit élixirs floraux. Chacun correspond à un état d'âme, avec des modalités particulières. Lorsqu'on le prend, on corrige les excès ou les manques, et on récupère son équilibre psychique.

En cure de quatre semaines

Ces élixirs sont efficaces pour réguler les déséquilibres émotionnels de la cinquantaine, qu'ils soient dus aux variations hormonales ou au grand tournant de la moitié de la vie. On les trouve dans les pharmacies spécialisées ou dans les boutiques de diététique. Ils sont vendus sous forme d'élixir dilué ou d'élixir-mère. Les premiers se prennent tels quels, à raison de quelques gouttes trois fois par jour. Les élixirs-mères doivent être dilués : 1 cuillerée à café dans un demi-verre d'eau pure, que l'on boit par petites gorgées au cours de la journée. On trouve aussi des élixirs-doses en gélules. Une cure dure au moins quatre semaines, et peut se renouveler si nécessaire.

✳ EN DEUX MOTS

✳ Les élixirs floraux sont des extraits de fleurs qui corrigent les déséquilibres émotionnels.

✳ Ils sont utiles au moment de la ménopause, période où le moral est en dents de scie.

✳ Certains élixirs aident à mieux vivre sa sexualité.

55

harmonisez votre humeur

Votre humeur est parfois chancelante, et ça vous énerve. Vos états d'âme grimpent sur des sommets pour redescendre dans des gouffres. Faites une cure avec un de ces élixirs floraux et, si aucun portrait ne vous correspond, essayez-en un autre…
On en trouve plus de quatre-vingts en France.

Pour calmer l'anxiété

L'élixir de gentiane (Gentian) convient aux personnes pessimistes, incapables de voir le côté positif des choses. Il entretient la confiance en soi et aide à être persévérant.
L'élixir de bourgeon de marronnier (Chesnut bud) vous soulagera si vous avez la sensation d'être sans cesse confrontée aux mêmes problèmes. Il augmente les capacités d'adaptation, et aide

● ● ●   P O U R   E N   S A V O I R   P L U S

> Si vous avez subi un choc émotionnel ou physique et que vous n'y réagissez pas aussi bien que vous l'auriez espéré, essayez l'élixir d'étoile de Bethléem (Star of Bethleem). C'est l'élixir du réconfort. Il libère des stress présents, mais sait aussi aider à la cicatrisation des vieilles blessures.
> Il existe aussi un remède d'urgence (Rescue remedy), composé de cinq fleurs: étoile de Bethléem, hélian-

à vivre pleinement le moment présent. L'élixir de chèvrefeuille (Honeysuckle) est adapté aux personnes nostalgiques, qui idéalisent le passé. Il rend sa juste place au passé, redonne de la joie au présent et aide à regarder l'avenir sans peur.

Pour chasser la déprime

L'élixir de charme (Hornbeam) vous aidera si vous vous sentez psychiquement et émotionnellement fatiguée, que vous n'avez plus d'envie, plus d'entrain. Il vous redonnera de l'énergie et de l'enthousiasme, et modifiera le regard que vous portez sur votre vie.
L'élixir de châtaigner (Sweet chestnut) s'adresse aux angoissés qui se sentent au bord du désespoir. Il réveille l'espoir et aide à voir les problèmes sous un autre angle.
L'élixir de noyer (Walnut) est le grand compagnon des passages, des transitions. Il est aussi efficace à la ménopause qu'à l'adolescence.

thème, impatience, prunus et clématite. Il est très utile si vous devez affronter une épreuve (un rendez-vous important, une intervention chirurgicale…) et que vous ne vous sentez pas en possession de tous vos moyens.

EN DEUX MOTS

* Si vous êtes plutôt anxieuse, essayez la gentiane, le bourgeon de marronnier ou le chèvrefeuille.

* Si vous traversez une période de déprime, tournez-vous plutôt vers le charme, le châtaignier ou le noyer.

56 offrez-vous des massages douceur

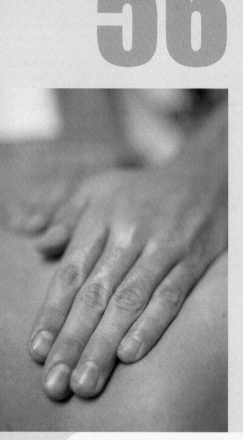

La peau est un extraordinaire organe sensoriel, le plus développé de tous. Grâce à ses milliards de récepteurs, elle possède une richesse incroyable, et les massages la font résonner comme un instrument. C'est, en plus, une très bonne façon de se réconcilier avec son corps.

Détente et bien-être

Dans notre société, le toucher est entouré de tabous : en dehors des relations amoureuses et, parfois, de la relation parent-enfant, on se touche très peu. Pourtant, notre peau est d'une grande richesse sensorielle. Des millions de capteurs lui permettent de ressentir d'infimes variations de texture, de pression, de température. Elle est plus sensible que l'oreille avec les sons ou l'œil avec les nuances des couleurs. Les massages font parler les épidermes. Lorsqu'on se fait masser, ce contact induit immédiatement une sensation de détente et de bien-être. La peau transmet les messages qu'elle reçoit au cerveau, puis aux muscles eux-mêmes, qui se dénouent. Cette détente physique entraîne une baisse de la vigilance et du niveau de stress.

Réconciliation avec soi

Deuxième acte : les massages aident à entretenir des relations positives avec son corps. Lorsqu'on n'est pas satisfait de son image corporelle, que l'on se trouve trop grosse ou trop maigre, trop grande ou trop petite, on a tendance à anesthésier les relations qu'on entretient avec lui. On se met moins en valeur lorsqu'on s'habille, on se touche de moins en moins et on modifie inconsciemment nos gestes pour s'éloigner de tout contact. Les massages, par leur côté thérapeutique, échappent à cette fuite.

Enfin, la peau participe à de nombreuses fonctions : respiration, immunité, équilibre hormonal. Les massages relancent ces activités métaboliques, et améliorent globalement l'état de santé.

EN DEUX MOTS

* La peau est le plus développé de nos organes sensoriels.

* Les massages délivrent des messages sensoriels au cerveau et aux muscles.

* Ils aident à lutter contre le stress, à détendre les crispations, à améliorer les fonctions vitales et à se réconcilier avec son corps.

> Ces massages seront d'autant plus bénéfiques que vous les pratiquerez avec une huile de massage : mélangez des huiles essentielles à une huile végétale de base, à raison de 1 pour 10.

57

consultez un
acupuncteur

La médecine chinoise considère que la ménopause, comme toutes les autres manifestations physiques et psychiques, est sous contrôle énergétique. Si elle se passe mal, c'est que l'énergie vitale est perturbée. Pour la rééquilibrer, il faut stimuler des points précis.

Une histoire vieille comme le monde

La médecine chinoise est la plus vieille du monde. Elle repose sur un postulat de base : la santé est sous contrôle énergétique. L'univers tout entier est animé par une énergie vitale : planètes, fleurs, animaux... Et nous !

Cette énergie circule dans notre corps à travers des canaux, les méridiens. Notre équilibre dépend de la bonne circulation de l'énergie vitale. Lorsqu'elle se bloque,

●●● POUR EN SAVOIR PLUS ———

> L'énergie qui circule dans notre corps possède deux pôles complémentaires : le yin et le yang.
> Le yin correspond au principe féminin. C'est une énergie froide, passive, symboliquement attachée à la lune, à la nuit, à l'eau... Le yang correspond au principe masculin. C'est une énergie chaude, active, symboliquement atta-

chée au soleil, au jour, au feu...
> Lorsque le yin l'emporte sur le yang, l'énergie circule trop lentement, elle stagne, elle manque. On dit alors qu'elle est en état de vide. Si au contraire c'est le yang qui domine, l'énergie déborde. On parle de plein.

qu'elle stagne, qu'elle ralentit ou, au contraire, qu'elle s'agite exagérément, des troubles apparaissent. On peut lui rendre son équilibre en agissant sur des points précis situés sur les méridiens. Ces techniques sont souvent efficaces pour relancer le fonctionnement hormonal et atténuer les symptômes désagréables de la ménopause.

Alimentation, méditation, aiguilles…

Une fois qu'il a déterminé l'origine du trouble qu'il doit soigner, le médecin chinois a plusieurs outils à sa disposition : il prescrit des règles alimentaires, des plantes, des exercices énergétiques (voir conseil 59)… En dernier recours, il peut piquer avec de fines aiguilles certains points précis. C'est le principe de l'acupuncture. En Occident, c'est la pratique énergétique la plus connue et la plus répandue. Pour soulager les troubles de la ménopause, on agit surtout sur les méridiens du rein, du foie, mais parfois aussi du cœur. Aujourd'hui, les acupuncteurs utilisent des aiguilles jetables, à usage unique, pour éviter tout risque de contagion. Les piqûres, superficielles, ne sont pas douloureuses.

* EN DEUX MOTS

* Les acupuncteurs piquent avec de fines aiguilles sur des points situés le long des méridiens d'énergie.

* Pour soigner les symptômes de la ménopause, on pique sur les méridiens du rein et du foie.

58

faites le point !

Vous pouvez aussi masser vous-même les points d'acupuncture avec le bout du doigt. Le do-in (c'est le nom de cette technique) vient de Chine. Simple, facile, sans danger, il aide à rétablir la circulation énergétique perturbée qui est à l'origine des troubles.

Avec les doigts

Les acupuncteurs agissent en piquant les points d'acupuncture ou en les chauffant avec des bâtons d'armoise incandescents. On peut aussi masser vigoureusement ces points avec le bout du doigt. C'est le principe du do-in, une technique plus douce que l'acupuncture, que vous pouvez pratiquer vous-même.

Sur les mains et les avant-bras

Certains des points conseillés pour améliorer le déroulement de la ménopause se trouvent sur les mains et les avant-bras. Massez d'abord deux points situés sur l'intérieur du bras, l'un à environ deux doigts au-dessus du pli du poignet, l'autre à environ trois doigts. Ces points améliorent les déséquilibres psychiques. Vous pouvez aussi stimuler un point situé à la base de la main, sur le bord externe, à la jonction du poignet : il soulage les bouffées de chaleur.

Enfin, appuyez vigoureusement sur un point situé sur le dessus de la main, dans le creux entre le pouce et l'index : il vous aidera à prévenir tous les problèmes liés à l'accumulation des toxines.

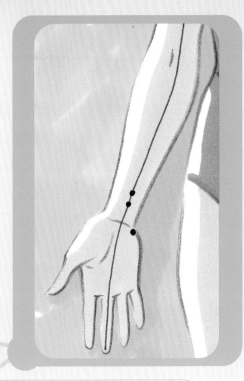

● ● ●   P O U R   E N   S A V O I R   P L U S

> Avant une séance de do-in, relaxez-vous : vous obtiendrez un meilleur résultat.

>Installez-vous confortablement, dans un endroit calme, et respirez profondément pendant quelques minutes.

> Ensuite, stimulez l'ensemble des points que vous avez choisis, puis terminez par un massage global de la zone (les mains, le dos, les pieds…).

E N   D E U X   M O T S

* Pour soulager vos symptômes, vous pouvez masser vigoureusement certains points précis, situés le long des méridiens d'énergie. C'est le principe du do-in.

* Ceux qui améliorent les troubles de la ménopause sont situés sur les mains et les avant-bras.

59

tai-chi
ou qi gong ?

Vous pouvez aussi agir sur votre équilibre énergétique d'une manière plus globale, en pratiquant le tai-chi ou le qi gong. Ce sont des sortes de gymnastiques très douces, dont le but est d'harmoniser le flux énergétique dans le corps. Vous y gagnerez en vitalité et verrez vos symptômes refluer.

Une très vieille histoire

Le matin, les jardins de Pékin se remplissent de personnes qui exécutent d'étranges figures avec leur corps. Ces personnes pratiquent le tai-chi ou le qi gong. Ces disciplines s'appuient sur les mêmes postulats que l'acupuncture : c'est la bonne circulation de l'énergie qui assure une bonne santé. Certaines postures et certains mouvements lents, effectués dans un état de concentration mentale et associés

●●● POUR EN SAVOIR PLUS

> Le qi gong a fait l'objet de nombreuses études de la part de chercheurs occidentaux sceptiques. Elles ont donné des résultats pour le moins encourageants.

> L'une d'elles fait état de l'observation de patients hypertendus ayant eu une maladie coronarienne sérieuse. Un an après leur accident cardiaque, ceux qui avait pratiqué régulièrement le qi gong avaient un électrocardiogramme plus proche de la normale dans 56 % des cas, contre 21 % seulement parmi ceux qui n'avaient pas pratiqué.

à une respiration ample et profonde, permettent de réguler l'énergie, de la stimuler ou de l'apaiser selon les cas.

Exercices thérapeutiques

Le qi gong possède une dimension plus thérapeutique que le tai-chi. Il occupe une place centrale dans les soins d'hôpitaux spécialisés, associé aux autres versants de la médecine chinoise traditionnelle : l'alimentation, les plantes, l'acupuncture. Pour améliorer le déroulement de la ménopause, il est conseillé de pratiquer les exercices qui stimulent les méridiens du foie (pour les glandes génitales), du cœur (pour la circulation sanguine et l'activité cérébrale), de la rate (pour éviter les risques d'hypertension et de cellulite) et du rein (où circule l'énergie sexuelle). Le tai-chi et le qi gong ont des vertus anti-âge, car la bonne circulation de l'énergie dans toutes les parties du corps protège contre le vieillissement cellulaire et améliore la régénération des tissus.

> Le qi gong a démontré son efficacité surtout dans le traitement de l'hypertension, des troubles cardiaques, de l'insomnie, de l'anxiété, de la dépression, des problèmes sexuels… Autant de troubles qui s'intensifient à la ménopause.

EN DEUX MOTS

∗ Le tai-chi et le qi gong sont des pratiques orientales qui aident à harmoniser la circulation énergétique par des postures et des mouvements.

∗ En Chine, le qi gong est une vraie médecine puisqu'il est pratiqué dans certains hôpitaux.

60 pensez à vous !

Plus rien ne vous en empêche, alors ne ratez pas cette belle occasion de vous chouchouter...

Épanouie et heureuse : vous y voilà ! Vous êtes une femme épanouie, en pleine possession de ses moyens. Vous savez aujourd'hui qui vous êtes, vous connaissez mieux vos désirs, vous vous affirmez davantage... Vous avez plus de temps pour vous, vos responsabilités sont moins écrasantes. Vous avez encore de belles décennies devant vous. C'est le moment de penser à vous !

Fuyez la culpabilité : vous n'y arrivez pas ? Peut-être vous sentez-vous coupable à l'idée de ne plus donner aux autres pour vous donner à vous-même.
Aujourd'hui, vous pouvez encore apporter beaucoup à votre entourage, mais à condition de vous sentir bien. Ce n'est plus votre temps et votre énergie qui leur importent, mais votre amour, votre sagesse, votre joie de vivre... Et tout cela, c'est en pensant à vous et en vous chouchoutant que vous le ferez grandir.

● ● ● POUR EN SAVOIR PLUS

> Ne confondez plus amour de soi et égoïsme. L'égoïsme, c'est privilégier soi « contre » les autres. C'est prendre et ne rien donner. Au contraire, si vous pensez à vous pour vous épanouir, vous aurez d'autant plus de bonheur à distribuer autour de vous. Ce sera vous « pour » les autres...

EN DEUX MOTS

* Le moment est venu de penser à vous et de vous chouchouter.

* Si vous ne le faites pas, c'est peut-être que vous vous sentez coupable de ne plus penser aux autres en premier. Pourtant, c'est en vous épanouissant que vous pourrez leur donner du bonheur.

point de vue

j'ai commencé une nouvelle vie

« Lorsque je suis devenue mère, j'ai eu l'impression que ma vie commençait vraiment. J'ai découvert de nouvelles sensations, j'ai enfin su où était ma place en ce monde. J'ai savouré pendant plus de vingt ans les relations avec mes enfants (j'en ai eu trois). Quand les premiers signes de la préménopause se sont annoncés, je me suis angoissée. Ma dernière fille était sur le point de quitter la maison pour aller finir ses études à l'étranger, l'aîné était déjà marié, le second vivait seul depuis déjà trois ans… J'ai vraiment eu peur. Peur de ne pas savoir vivre pour moi, faire ce qui me plaisait, choisir en fonction de mes goûts… Ça n'a pas duré longtemps, heureusement. Ma meilleure amie, que je connais depuis l'école primaire, vivait les même doutes et les mêmes angoisses. Nous nous sommes alliées. Elle et moi, nous étions séparées de nos maris, nous vivions seules. Nous avons commencé à voyager, à tester des activités nouvelles… J'ai commencé à peindre, elle a appris à sculpter la terre… À 60 ans, je me sens en pleine forme. Je suis enfin maîtresse de mon temps et de mes désirs ! »

carnet d'adresses

» Acupuncture

Association européenne d'acupuncture
167 rue de la Convention
75015 Paris
Tél : 01 58 45 13 74

» Diététique et alimentation

Institut français pour la nutrition
71 avenue Victor Hugo
75016 Paris
Tél : 01 45 00 92 50

» Fleurs de Bach

Fleurs, essences et harmonie
75 bis avenue de Wagram
75017 Paris
Tél : 01 48 88 95 05

» Homéopathie

Syndicat national des médecins homéopathes français
60 bd Latour-Maubourg
75007 Paris
Tél : 01 44 18 62 23

Syndicat de la médecine homéopathique
43 rue de la Belle-Image
94700 Maison-Alfort
Tél : 01 43 96 59 45

» Massages et rééducation posturale

Syndicat national des masseurs kinésithérapeutes rééducateurs
15 rue de l'Epée de Bois
75005 Paris
Tél : 01 45 35 82 45

» Naturopathie

CENATHO naturopathie
173 bd du faubourg
Poissonnière
75009 Paris
Tél : 01 42 89 09 78

» Santé

Association française pour l'information et la documentation
sur la ménopause
et ses traitements
BP 172
94 305 Vincennes
Tél. : 08 36 68 31 95
www.info@femsante.com
www.femsante.com

» Sexologie

Association inter-hospitalo-universitaire de sexologie (AIHUS)
www.aihus.org

Société française de sexologie clinique (SFSC)
www.sexologie-fr.com

index

crédits

Couverture : Frédéric Lucano/Getty Images ; p.08-09 : A.B/H.Winkler/Zefa ; p.10-11 : Julie Toy/Getty Images ; p.13 : Neo Vision/Photonica ; p.15 : Cat/Zefa ; p.16-17 : David Muir/Masterfile ; p.19 : M.Thomsen/Zefa ; p.20-21 : Julie Toy/Getty Images ; p.23 : Andre Lichtenberg/Photonica ; p.25 : Matthew Willex/Masterfile ; p.26 : Neo Vision/Photonica ; p.29 : Allen Birnbach/Masterfile ; p.32-33 : Michael Alberstat/Masterfile ; p.34-35 : David Muir/Masterfile ; p.39 : Miep van Dam ; p.43 : Marnie Burkhart/Masterfile ; p.45 : Carl Valiquet/Masterfile ; p.48-49 : David Roth/Getty Images ; p.51 : Kathleen Finlay/Masterfile ; p.53 : Michael Alberstat/Masterfile ; p.54-55 : Michael Alberstat/Masterfile ; p.57 : Alison Barnes Martin/Masterfile ; p.59 : Ron de Roij/Zefa ; p.61 : Philip Lee Harvey/Getty Images ; p.62-63 : Tom Feiler/Masterfile ; p.67 : T.Reed/Zefa ; p.69 : Neo Vision/Photonica ; p.72-73 : Alison Barnes Martin/Masterfile ; p.75 : Britt Erlanson/Getty Images ; p.76-77 : Alison Barnes Martin/Masterfile ; p.78 : Barry Yee/Photonica ; p.81 : Tom Feiler/Masterfile ; p.83 : Phil Boorman/Getty Images ; p.86-87 : Orbit/Masterfile ; p.88-89 : Daly&Newton/Getty Images ; p.91 : Patrick Molnar/Getty Images ; p.93 : R.Holz/Zefa ; p.94 : Bito/Zefa ; p.97 : J.Feingersh/Zefa ; p.101 : J.Feingersh/Zefa ; p.103 : R.Elstermann/Zefa ; p.104-105 : Jerôme Tisne/Getty Images ; p.109 : Ray Kachatorian/Getty Images ; p.110-111 : Julie Toy/Getty Images ; p.113 : R.Elstermann/Zefa ; p.114 : Hans Neleman/Photonica ; p.116-117 : Alison Barnes Martin/Masterfile ; p.120-121 : I.Hatz/Zefa.

Illustrations : Anne Cinquanta pour les pages 118-119, Christophe Moi pour la page 36.

Directrice de collection : Marie Borrel

Responsables éditoriales : Delphine Kopff et Caroline Rolland

Direction artistique et réalisation : G & C MOI

Préparation de copie : Chloé Chauveau

Relecture-correction : Anne Vallet

Iconographie : Guylaine Moi

Fabrication : Claire Leleu

Dépôt légal : décembre 2003
23-38-6900-01/7
ISBN : 2012369006

Imprimé en France par I.M.E. - 25110 Baume-les-Dames